世界一の地域医療を目指して

岩手医科大学物語

理事長
小川 彰

潮出版社

世界一の地域医療を目指して　岩手医科大学物語　◎　目次

はじめに　5
第1章　チーム医療の先駆けとして　9
第2章　なぜ私は脳外科医を志したのか　29
第3章　草創・黎明期の岩手医科大学と創立者　61
第4章　岩手医科大学と台湾を結ぶ三人　91

第5章　「先駆け」の歴史をつないで　117
第6章　3・11の教訓をさらなる原点に　139
第7章　患者にやさしい医療を目指して　171
第8章　コロナ禍を超えて　191

装丁／清水良洋（Malpu Design）

はじめに

岩手医科大学は、二〇一七年に創立一二〇年の節を刻んだ。

明治維新後、岩手県では、政府の医療施策が定まらず、医師を養成する機関が不在だった。それゆえ圧倒的な医師不足により、医療を受けられず病に倒れる人がたくさんいた。

この状況を憂えた創立者の三田《みた》俊次郎《しゅんじろう》先生は、私財を投じて私立岩手病院を設立し、医学講習所を開いた。これが岩手医科大学の原点である。三田先生はさらに「医者の養成だけでは医療はよくならない」と、産婆（助産師）と看護婦（看護師）の養成所も併設した。本学が目指す「チーム医療」の源流もここにある。

私自身も本学に学んだ一人である。

卒業後、脳外科医としてスタートを切ってからは、いくつかの機関でお世話になり、人間の未知の領域である「脳」の世界の真理を追究していく過程で、医師としての腕を評価する声を頂戴するようになった。

一九九二年には母校に戻り、医学部長などを経て、二〇〇八年からは八年にわたって、学長を務めた。さらに二〇一二年からは理事長を兼務し、学校法人としての岩手医科大学の運営にも携わるようになり、キャンパス移転や附属病院改革の指揮をとってきた。二〇一六年からは理事長の専任となったが、学外では日本私立医科大学協会の会長や岩手県医師会の副会長などを務めており、今日まで慌ただしい日々の連続である。

その中でも、二〇一一年三月十一日に起きた東日本大震災は、本学に大きな転機をもたらした。あのあまりにも過酷な災害のなかで、なんとしても患者の命を守るため、北東北の高度医療を守るため、暗中模索しながら過ごした日々が、結果的にあらゆる危機に備える地域医療の拠点としての礎《いしずえ》を築いたといえる。

そして、図らずも世界はいま、新型コロナウイルスとの闘いの最中にある。

わが岩手県は幸い、初期に感染が拡大する全国の中でも、しばらく感染者ゼロが続き、その後、感染者が出てからも現在に至るまで、致命的な状況に陥ったことはない。

この結果に対する考察は本文に譲るとして、官学のスムーズな意思疎通で、万全の体制を構築できたと同時に、北海道、北東北における高度医療の「最後の砦」として、一切滞ることなくその使命を果たすことができたと自負している。これもひとえに3・11の教訓があったからこそである。

本書は、岩手医科大学の創立からの歩みと、世界に誇る地域医療のロールモデルを示す挑戦の軌跡を綴ったものである。恥ずかしながら私の歩みについても少しばかり触れさせていただいた。間違っても、まっすぐ生きてきたなんてことはいえないが、今日の私があるのは、ときに脇道に逸《そ》れそうになった私を信じ抜き、温かな眼差しを送り続けてくださった方々や、若さゆえに漲《みなぎ》る旺盛な探求心に対して、多大なるチャンスを与えてくださった諸先輩方の存在があったからである。ここに記して感謝の意を表したい。

いわずもがな本学の挑戦はまだ道半ばである。第二の草創期の思いで、本学の更なる発展への決意を込め、ここに、「はじめに」とかえさせていただく。

小川　彰

第１章　チーム医療の先駆けとして

●同じキャンパスに医・歯・薬・看護学部を

盛岡市に隣接する矢巾《やはば》町の岩手医科大学の新キャンパスには、キャンパスタワーの脇にひときわ目を引く、見上げるような大木が立っている。

春には青々とした新緑の葉をつけ、夏はやさしい日陰をつくり、秋に色鮮やかな黄色に葉を染め、冬はそのたくましい枝振りを見せて、四季折々キャンパスを訪ねる人たちを楽しませてくれている。

これは一九七八年、盛岡市本町通の教養部の敷地に、ギリシャのコス島のヒポクラテス医学校跡にいまなお繁《しげ》るプラタナスの原木から株分けして植樹された木である。以来、西洋医学の父・ヒポクラテスの精神に思いを馳《は》せ、「ヒポクラテスの樹」として親しまれてきた。

その木を新キャンパスに移植したのは、矢巾キャンパスが竣工した二〇〇七年のことだった。その年には、薬学部も発足させることができた。

そして、その一〇年後、本学の創立一二〇周年にあたる二〇一七年四月に看護学

矢巾キャンパスのヒポクラテスの樹。
2007年に旧教養部から碑文とともに現在の場所に移植された

部を再開設した。これによって岩手医科大学は医学部・歯学部・薬学部、そして看護学部の四つの学部に通う学生たちが同じキャンパスで学べる日本で唯一の大学になったのだった。

そこで行う医療専門職の多職種連携教育こそ、本学の教育の特徴だといえる。それは、いま求められている「チーム医療」の基礎になるべきものである。

もちろん、これら医・歯・薬・看護の学部を有する大学は他にもある。だが、どの大学も学部ごとにキャンパスが分かれていることが多い。

東京大学を例にとってみても医学部

と薬学部は同じキャンパス内の三メートルほどの道を挟んだところにあるにもかかわらず、互いの交流はほぼないという。薬学部の建物に医学部の学生が入る、あるいは逆に薬学部の学生が医学部の建物に足を踏み入れるということは稀《まれ》なのだ。

私は以前から、学部の壁を越えた交流が自然にできるような環境をつくりたいと考えていた。同時に、学部の枠に縛られずに柔軟な研究を進めたいとも思っていた。

それを実現できる機会が訪れたのは、キャンパスの郊外移転が現実味を帯びてきたときのことだった。

岩手医科大学は、創立以来、キャンパスも附属病院も盛岡市内丸《うちまる》にあった。一九九〇年代を迎える頃には手狭になり、教室や病院などの施設の老朽化を指摘する声が挙がるようになっていた。内丸は、県庁に隣接している盛岡市の中心部にあり、交通渋滞で救急車など緊急車両がスムーズに通行できなくなるという問題もあった。

そんな中で郊外移転の検討が進められてきたのである。候補にはいくつかの自治体が挙がっていたが、矢巾町から町の中心部に約五万坪の土地があいているとの情報があり、現在の場所に移転することが決まった（のちに一二万坪に拡大）。その広大な土地を活かして、どんなビジョンを描いて新しいキャンパスをつくりあげていく

ヒポクラテスの樹の碑文

のか。

私が医学部長の頃、大堀《おおほり》勉《つとむ》前理事長から相談を受けたとき、

「いまは医学部と歯学部しかありませんが、やっぱり薬学部もつくりましょう。やがては看護学部もつくりたいですね」

と申し上げたのだった。そのとき、

「新しいキャンパスでは医学部の建物、歯学部の建物など学部によって建物を分けることはやめませんか」とも話したのである。

●チーム医療は創立からの志

多くの人が認めるように、岩手医科大

学の一二〇年超の歴史は先駆けの歴史に他ならない。

　岩手医科大学は、北東北という本土のはずれにあるからこそ、創立以来さまざまな新しい試みに挑んできたのだと、私は思っている。そこには、戊辰《ぼしん》戦争後、明治政府から「白河以北一山百文（白河より北の土地は、一山に百文の価値しかない）」と軽視されてきた、東北人としての中央に対する反骨精神が息づいているといえるかもしれない。

　矢巾町キャンパスで私たちがやろうとしているチーム医療のための医療の統合教育（多職種連携教育）も、その一つである。もっといえば、このチーム医療への思いは、いわば岩手医科大学の創立からの志ともいえるのだ。

　本学の始まりは、一八九七年（明治三十年）四月二十日、私立岩手病院に医学講習所と産婆看護婦養成所を併設し、開院したことである。

　明治政府が「産婆規則」を公布したのがその二年後の一八九九年（明治三十二年）のことだった。「看護婦規則」に至っては一九一五年（大正四年）である。政府が産婆（助産師）や看護婦（看護師）の規則を制定するはるか以前に、本学の創立者である三《み》田《た》俊《しゅん》次郎《じろう》先生は私財を投げ打ち、これらの学校を医学校に併設してつくっているのである。明治期の日本の近代看護教育は、有志共立東京病院看護婦教育所（現在の慈恵看護専門学校）で一八八五年（明治十八年）に初めて発足した。一八九七年に開校した本学の看護婦養成所は、東京、京都に次いで六番目の学校であり、地方初である。

その創立者の思いを現代風にいえば、「医師のみを養成しても医療は良くならない。あらゆるメディカルスタッフもあわせて養成する必要がある」ということである。現代の「チーム医療」を明治の時代に実践しようとした先見性には頭が下がる思いがする。

チーム医療とは、患者中心の医療であり、一人の患者に対して複数のメディカルスタッフが連携して治療やケアにあたることをいう。

日本では、二〇〇九年の厚生労働省による「チーム医療の推進に関する検討会」がつくられてから、徐々にこの取り組みが医療の各分野に広がっていった。私自身この検討会の委員でもあった。超高齢社会を迎えたいま、ますますその重要性が増しているといえる。

チーム医療で大切なことは、それぞれのメディカルスタッフが自らの専門性を活かして互いに意見交換をしながら治療を進めていくことである。そのためにもチームは対等な関係でなければならない。チーム医療を進めることは、医師が中心となり、彼らの判断に従って治療を行ってきた従来の悪しき習慣を破る手立てにもなる。私には、これまで看護師や他のスタッフからいろいろと大切なことを教えてもらってきた経験がある。たとえば、まだ私が脳外科医として国立仙台病院にいた頃のことである。ある日、脳外科病棟の師長が、こんなことを私に訊《き》くのだ。

入院中の脳卒中の二人の患者がいる。Aさんは左の脳にダメージを受けていて右半身に麻痺《まひ》があり右腕が使えず、言葉も話せない。逆に、Bさんは右脳を損傷しているが言葉は普通に話せるし、たまたま体に麻痺も残らなかった。二人の状況を、そう説明した後に、

「先生、どっちが社会復帰する上で大変だと思いますか？」

と問いかけるのだった。

当時、われわれ医者の常識では、手足が動いて、言葉が話せるのだったら、だいたい完治という認識だった。それで私は深く考えずに、こう答えた。

「それは右麻痺があって言葉が出ないんだから、Aさんのほうが重症に決まってる

だろう。Ｂさんのほうが社会復帰は早いよ」

すると、「先生、違うんです。Ｂさんのほうが難しいんです」という答えが返ってきたのである。右脳を損傷している人は、社会的な環境での微妙な人間関係の機微や情緒の動きといったようなことがわからなくなっていて、いろいろ失敗をすることが多く、実際には右脳障害は社会復帰が難しいのだと話してくれた。

私は、なるほどと感心しながら彼女の話を聞いたことを覚えている。

こういうことを教えてくれるのは、やはり患者やその家族の方々とより近い距離で接している看護師なのである。そうしたメディカルスタッフの経験や知識を何の先入観もなしに、お互いが対等な立場で素直に聞くためには、学生時代から専門の壁を越えた交流を重ねておくことに勝るものはない。

そういう思いから、新しいキャンパスでは互いの専門の壁を取り払う工夫を凝らした校舎を建てることにしたのである。

●学部の壁を越えた「多職種連携教育」

矢巾町の新キャンパスは、二〇〇五年に第一次工事を開始した。二年後の〇七年三月に各学部共通校舎や図書館などが完成し、まだ看護学部はなかったものの医・歯・薬の三学部一四〇〇人の学生を新キャンパスに迎え入れ、スタートを切った。矢巾キャンパスの大きな特徴は、学部別の研究棟や教育棟がないことである。すべて同じ建物の中で学び、共通のカリキュラムは学部を越えて履修できる。

大学の校舎は、東西にそれぞれ講義実習棟と研究棟があり、それらの建物で医・歯・薬・看護の学生たちが一緒になって学んでいるのだ。そして東西の講義実習棟・研究棟や本部棟、大堀記念講堂は、全面ガラス張りで四層吹き抜けの「キャンパスモール」と呼んでいる開放的な空間で結ばれている。

本学では、各学部のカリキュラムも横断的につくられており、たとえば医学部の学生が講義を受けている隣で看護学部の学生も講義を受けているという姿を日常的に見ることができる。休み時間になると、学生たちはキャンパスモールで思い思い

キャンパスモール

の話に花を咲かせている。ときにキャンパスモールは学生の成果発表会など、さまざまなイベントにも活用され、お互いの交流の場ともなっている。当然、クラブやサークル活動も四学部の学生たちが一緒になってやっているのである。

つまり、いつの間にか、みんな顔の見える関係になるわけだ。将来、病院で共に仕事をするかもしれない仲間と、学生時代から顔の見える関係でキャンパスライフを送るというのは非常に大事なことだと思う。

その観点からも、本学では「多職種連携教育」を取り入れている。

たとえば、一学年では、「信頼される

医療」をテーマとし、全学部の学生たちが九名で一グループをつくり、各グループでＫＪ法（アイデアや思いつきをグループ化してまとめる方法）や二次元イメージ展開を行い問題点を導き出してポスター発表会を開催している。

また、医・歯・薬、三学部の最終学年である六年生による合同セミナーも続けてきた。これはチーム医療の基礎を学ぶシミュレーションのような試みで、脳卒中や心臓発作などあらかじめ症例を設定し、六名ごとのグループに分かれて、各学部の学生がそれぞれの専門から治療法を提案し議論するのである。そこでは自らの専門知識も問われるし、互いの職種の役割や特質、違いも理解することができる。

このように多職種連携教育は各学部の壁を越えた学びのシステムであり、学部間の垣根を取り払った建物があってようやく実現できたのであった。

医学と歯学では、基礎はほとんど同じカリキュラムをやることが多い。たとえば医科解剖と歯科解剖、あるいは医科生理と歯科生理である。医科や歯科という名前がついていても、結局、そこで学ぶことは同じ解剖や生理についての基礎なのである。これは生化学や薬理学などの講義についても同じことがいえる。

私たちは、これらを「統合基礎講座」ということで医学部、歯学部を一緒にして

チーム医療リテラシーのワークショップ。
学部の垣根を越えて、学生たちが活発な議論を行う

履修できるようにしたいと考えたのだ。それを申請するために文部科学省に掛け合ったのだが、いつ行っても「絶対に駄目だ。認められない」という一点張りで押し戻されたのだった。

「どうして駄目なんでしょうか？」

「前例がありませんから」

理由にならないような理由で、いつも断られるのである。

私たちは、医科と歯科を一緒にしてしまおうといっているのではない。互いに共通しているものは一緒に学ばせたいといっているだけなのだ。医科にしても、歯科にしても、その科独特の専門に関するものはその科で重点的にやるといっているにもかかわらず、認められないのである。

結局、五年かけて、無理矢理に認めさせたのだった。

このとき、私は、何事も前例主義で片付ける、融通がきかない「官」というものの有り様を改めて見た思いがした。

いまでは、「学部の垣根を越えた『統合基礎講座』の仕組みは、他大学の模範になるのでどんどん進めていただきたい」といわれている。

●「医療人たる前に、誠の人間たれ」

私は、官学、すなわち国立の大学と私学の一番の違いは、建学の精神、建学の思想があるかないかだと思っている。これらがあることによって、私学にはそれぞれの大学独特のカラーが生まれているのである。二〇〇三年に国立大学が国立大学法人となってからは多少変化が生まれてきたが、それでも国立大学はどこも金太郎飴《あめ》だという印象は否《いな》めない。

最もそのことがよくわかるのが学則である。どこの国立大学の学則もみんな同じなのである。カリキュラムの中味も、学校の建物のつくり方までもがよく似ている。それに対して私学はそれぞれ建学の精神や思想を持っている。私が会長を務めている日本私立医科大学協会には二九の私立大学が属している。その二九校を見ても、みんな違う建学の精神と理念を持っており、それぞれの建学の歴史に応じた学是があり、自分の大学はこうあるべきだという思想が明確に学則の第一条に書かれている。

本学の学是は「医療人たる前に、誠の人間たれ」である。

さらに、学則の第一条には、こう書かれている。

「本学の目的は、医学教育、歯学教育、薬学教育及び看護学教育を通じて誠の人間を育成するにある」

つまり、豊かで深い人間性を培《つちか》わなければ、医療人にはなれないということである。これが本学に流れる建学の精神なのである。この「誠の人間たれ」という建学の精神は、本学創立者である三田俊次郎先生の「いつも素直で、正直で、真面目であれ」の言葉を、第二の創立者ともいえる戦後の草創期を担った三田定則《さだのり》先生が「誠」という言葉に定着させた。本学を貫《つらぬ》く不変の思想だといえる。

では、誠の人間とは、どのような人間をいうのだろうか。

私は、それは他者の痛みがわかる人間だと思っている。少なくとも私たち医療人が目指すべき「誠の人間」像とは、そうあるべきだと思う。

医療というのは単に病気を治すというだけのものではなく、人間を対象とした学問であり、技術なのである。まだ言葉もわからない赤ん坊からお年寄りまで、その患者の痛みと家族の苦しみに思いを馳せ、共感し、家族を励ますことができる。このような人格を持っている人でなければ医療に携《たずさ》わる資格はないと考えている。

そうした共感力は、あるいは医者よりも看護師たちのほうが豊かだといえるのかもしれない。私自身、長い医療現場での経験から、そう思わざるを得ない場面を数多く見てきた。彼女、彼らの共感力に裏打ちされた患者や家族に対するケアの心配りや励ましの精神は、医者も大いに学ぶべきことであるに違いない。

その意味でも、医・歯・薬・看護の四つの学部で学ぶ学生たちが、互いに学部の壁を越えてさまざまに学び合う本学の多職種連携教育は、今後の医療に新しい風を吹き込むことになると期待している。

医療の高度化が進めば進むほど、専門職はどうしても細分化されてしまう。それ

岩手医科大学矢巾キャンパスの空撮

だけに、他の専門職との連携協力がより求められるといえる。多職種連携教育を通じて、学部時代から他領域の学生と共同プロジェクトを進める過程で、彼らは自己の職種に対する自尊心を持ち、併《あわ》せて他の職種に対しての尊敬の念を持つようになる。また、連携教育前に比べて、プロフェッショナルとしての自覚が出てくることも明らかになっている。

さらに私は、互いに学部の壁を越えて協力することで、到達できるレベルが予想外に高くなることも実感している。医療系学部においては、多職種連携教育は、徳育としての意義も相当大きいと思われるのである。

地方にあって、一二〇年もの長きにわたって医学教育の歴史をつないできた私学は、岩手医科大学のみである。地方、しかも北の辺境にあって、その貧しい地域医療を守るという先人たちの強い思いがあったからこそ、幾多の苦難や存続の危機を乗り越えることができたのだろう。もっといえば、本学が、官立ではなく、明確な建学の志を貫く私学であったからこそ、その歩みを止めずに今日までくることができたのだと思う。

建学の精神は、確実に代々受け継がれてきている。私たちの時代にも、それは脈々と活きていた。一例を挙げれば、当時、教養部長だった和田安民《わだやすたみ》先生の講義である。和田先生は、毎回の講義を必ず校歌を合唱してから始めるのだった。

本学の校歌は、作詞・土井晩翠《どいばんすい》、作曲・山田耕筰《やまだこうさく》というゴールデンコンビである。

「ああ生々の　徳のあと
天地の光　人界の
喜び仁の　術はあり
病める弱れる　悩めるを

救はん　仁の術ここに……」

文語調の歌詞の意味はつまびらかにはわからなかったものの、歌うごとに「医は仁術」であり、思いやりの施術であるということが伝わってきた。

校歌を四番まで歌い終わっても、ときに和田先生は講義に移らず、大学の沿革や三田定則先生の逸話など、話を続けることもあった。他にも、なぜこの学校ができたのかということや、創立の志について一生懸命に語る先生もいた。

そうした環境で、知らず知らずのうちに創立の志や建学の精神は受け継がれてきたのだと考えている。普段は意識しなくても、何か事があったときや判断に迷ったときに、それらが物事を考える補助線や規範になっているように思うのだ。私学の良さ、私学の力は、そういうものに違いない。

第2章　なぜ私は脳外科医を志したのか

●耳鼻科医の父の姿に触れて

自分自身のことに触れておこうと思う。私が岩手医科大学に入学したのは一九六八年（昭和四十三年）のことである。戦後、本学が新制大学の認可を受けてからの二三期生ということになる。

私は、一九四九年（昭和二十四年）三月三十一日、宮城県仙台市で生まれた。二男二女、四人きょうだいの長男である。父は耳鼻科医だった。自分も医者になろうと思ったのは、小さな頃に父親の働いている姿に触れてのことだった。

父は、もともとは仙台の病院に勤めていたのだが、私が物心ついた頃には古川市の大崎組合病院という病院に移っていた。のちに古川市立病院と名を変え、いまは大崎市民病院になっている。

そこの耳鼻科の医長をしていた。といっても一人医長で、毎日とても忙しく働いていた。朝からとんでもない数の患者がきていたという。耳鼻科医だから、当然、手術もする。一人しかいないので、手術は通常の診療が終わった夜になってから行うような忙しさだったという。いつも夜中の十二時を過ぎるまで病院にいた。
あるとき父が肝炎で倒れたことがあった。過労である。しかし、患者はいつものようにどんどんくる。組合病院の院長は仕方なく、当時インターン（実施研修）で来ていた若い先生を呼んで、「君、小川先生の代わりに診《み》なさい」と診察を託した。
「そういわれても、自分はまだ正式の医者でもないし、耳鼻科の経験もありません」。そのインターンがためらっていると、院長は、こういったというのだ。「いいから、看護婦さんが渡す薬に浸した綿棒を患者さんの鼻や耳に入れてくれれば、それでいいのだ」と。インターンは、看護師にいわれるまま一週間ほど父の代診をしたそうである。

　このインターンの若い先生は、私の学生時代、第二生理の助教授だった和田《わだ》謙郎《けんろう》先生である。その後、事あるたびに笑い話のように、この話を何度も聞かせてくれた。自分の体を壊すまで人のために働く、医者という仕事は尊いものだと思ったし、同時に我を忘れて働くくらい面白いものなのだろうなと思ったものである。その中で自然と、自分も医者になろうという気持ちが芽生えていったように思う。

　私は小学校、中学校と、東北大学教育学部の附属に通っていた。三月三十一日生まれなので、クラスでも体は小さいし、まだ幼かった。背の順番に並ぶと、クラスで前から二番目だったことを覚えている。四月生まれの子どもたちとは、ほとんど一年の差がある。とくに女の子などはみんなませていて、お姉さんのように感じた。あまり勉強をするほうではなかったが無事に小学校を終え、なんとか附属中学に進むことができた。高校は仙台二高に進んだ。

仙台は旧制第二高等学校のおひざ元である。仙台二高は旧制仙台第二中学校から派生しており、旧制第二高等学校とは直接関係はない。戦後の教育制度改革で、旧制一高がいまの東京大学になり、三高が京都大学になり、二高は東北大学になった。仙台二高は、この旧制二高と名称が一緒だったことから、市民は旧制第二高等学校のにおいを感じ、校風も旧制二高を継いでいたのである。

●水泳部を軸にした高校の日々

高校に入ると、迷わず水泳部に入部した。理由は至極単純で、単にプールというものへの憧《あこが》れだった。

いま東北大学の教養部になっている場所は、旧帝国陸軍第二師団のあった所で、私の小学生時代には米軍に接収されて駐留軍の基地となっていた。小学校に通うときには、その横を通らなければならない。門にはＳＰが立っていて、広い敷地は鉄のフェンスで囲まれていた。

そのフェンスをのぞくと、プールが見えたのだ。大人用のプールと子ども用のプールがあった。いつものぞくたびにアメリカ人の子どもたちがプールで楽しそうに泳いでいた。それがすごく羨《うらや》ましかったのだ。

当時、仙台にはプールがなかった。夏になると、市内を流れる広瀬川に三カ所くらい水泳場のようなものがつくられ、そこで泳いでいたのである。

それがのちに、その駐留軍のプールがそのまま仙台二高のプールになった。といっても、それは水を循環して濾過《ろか》する装置などついていない、巨大な水がめのようなものである。年に一回は水を換えなければいけなかった。水を一回入れ換えると、水道代が当時の金額で三〇万円から五〇万円もかかった。

水換えを先生に頼みに行くと、いつもいろいろ嫌みをいわれた。しかもプールの水を抜いてデッキブラシで底を掃除するのは私たちの仕事だった。五〇メートルプールである。それはなかなか大変な作業だった。しかし、いま思い返すと、楽しい思い出でもあった。

得意な種目はクロールだった。練習にも真剣に取り組んだ。水泳を始めたからなのか、高校一年になって急に背が伸び、平均的な男子の身長を抜くようになった。泳力もつき、新人戦でレコードを出したこともあった。

水泳部の部室は大きな道路を隔てた教員室や教室のある学舎の反対側で、その間に米軍の旧将校クラブがあり、当時は図書館となっていた。そのため水泳部の部室は教員室からは隔離された一種の隠れ家的な場所で、部室にはいつも全校の不良たちが集まってきていた。男子校でもあり、まだ校風として旧制高校の蛮《ばん》カラさの尻《しっ》尾《ぽ》くらいは残っていたのだ。部室で煙草《たばこ》を吸ったり、酒を飲んだり、私も彼らと一緒になって青春を謳歌《おうか》した。

不良たちが水泳部の部室に集まっていることなど、先生たちは当然知っていた。当時の教師はよくできたもので、あるとき水泳部の部長の先生に、

「小川、ちょっとこい」

と、教員室に呼ばれたことがあった。何か怒られるのかと観念して行くと、

「来週の水曜日、部室点検な。わかっているだろうな……」

先生はニヤッとしながら、意味ありげな表情でそういうのだった。

要するに、煙草の吸い殻や酒瓶などを片付けて部室をきれいにしておけよ、ということなのである。

「はいっ、わかりました」

勢いよく返事をして、私は駆け足で教員室を後にした。そして、いつも部室を利用している不良たちを集めて部室をきれいに磨きあげた。

このように高校時代の思い出をたどれば、どうしても水泳部に行き着くのだ。私の高校時代は、水泳部を軸に回っていたのである。

理数系の教科は好きだったが、仲間たちと遊ぶのに忙しく勉強はろくにしなかった。結果、東北大学の医学部を受験したものの、見事に惨敗。一年浪人して、どうにか岩手医科大学に拾ってもらったのだった。

しかし、私には東北大学に進学できなかったという挫《ざ》折《せつ》感は微《み》塵《じん》もなかった。これで医学の勉強ができるという喜びのほうが何倍も大きかったのである。また、いまとなっては東北大学ではなく岩手医科大学に入学できたことを誇りに思っている。

一方、世界的なスチューデントパワーのうねりの中で、当時は日本も〝政治の季節〟を迎えていた。

●学生運動の真っ只中で

大学一年の終わり頃、東大の安田講堂が落ちた。

安田講堂に立て籠《こ》もる学生たちと機動隊の攻防の様子はテレビでも中継されたため、その映像を記憶している人も多いかもしれない。機動隊の催涙ガスや放水車から放出される高圧の水に対して、学生たちが火炎瓶やゲバ棒で抵抗する。熱い時代である。

世の中も「七〇年安保闘争」で熱気をはらんでいた。ベトナム戦争が激化していく中で、一九七〇年（昭和四十五年）に期限が切れる日米安全保障条約の自動延長の阻止・廃棄を求める動きが起きていたのだ。そうした中で、さまざまなセクトの学生が集まり、各大学にセクトを越えた全学共闘会議、いわゆる全共闘が組織された。

ベトナム反戦運動、安保自動延長阻止から始まった全共闘運動は、大学の授業料の

岩手公園での当時の学生運動の様子

値下げや民主化を訴え、やがては大学解体を叫ぶ全国的な運動の渦になっていったのである。

そのシンボル的な戦いが日大闘争と東大闘争だったといえる。中でも、東大闘争は医学部のインターン制度の廃止を軸にした研修医の待遇改善要求が発端になっただけにシンパシーを感じていた。

私が大学に入学した一九六八年（昭和四十三年）は、まさにそんな学生運動の真っ只中の時代だった。その熱気は、北のはずれの岩手の地にもきていたのである。自然に、私もヘルメットを被《かぶ》り、ゲバ棒を手に岩手での全共闘運動の輪の中に入っていったのだった。

アジ演説をし、デモをやり、他大学とも共闘しながら、民主化を求めて暴れていた。

岩手の学生運動で初めて逮捕された学生は、私だった。何のことはない、岩手公園から盛岡駅まで機動隊に囲まれながら、ジグザグデモをしたためであり、違法なデモを主導した疑いで道路交通法違反、公務執行妨害である。四八時間二泊三日勾留はされたが起訴されたわけではなく、罪に問われたわけではない。勾留中は同級生から処分軽減の嘆願書を出してもらったし、留置場への差し入れなど大変な支援を受けた。卒業できたのも同級生の支援のおかげである。一時は退学かとも覚悟した。真っ青になって駆けつけた両親に対し、当時の学長である篠田《しのだ》紏《ただす》先生は、「まぁ、学生のときにこのくらい暴れるような元気がなければ駄目なんですよ」といってくださったという。腹の据わった大先生だった。

篠田先生は、日本大学三島キャンパスにお願いしていた教養教育をやめ、教養部と同時に東北・北海道初の歯学部をつくり、三田定則先生の理想を一歩進めてくれた立役者でもある。奇《く》しくも、篠田先生の専門は産婦人科学であったが、東京帝国大学では三田定則教室に籍を置き三田先生の指導で学位を取得している。

安田講堂の陥落は、そうした運動の一つの転換点だったといえる。

東大全共闘の学生たちが占拠していた安田講堂に機動隊が押し寄せたのは、一九六九年（昭和四十四年）一月十八日である。激しい攻防の末、翌十九日夕方、ついに陥落した。逮捕された学生は九〇人に及んだのである。

この出来事を機に、全共闘の運動はさらに全国の大学で激化し、数多くの大学でバリケード封鎖が行われた。だがそれは、やがて運動が収束していく前の、いわばロウソクが最後に一瞬輝きを増すようなものだったのかもしれない。

私は、岩手大学の闘争も指導していた。机やイスを積み上げてバリケードをつくり、大学の建物の封鎖をしたりもしていたのだ。そんなとき、どうも明日、機動隊が封鎖解除に入りそうだという情報を摑んだ。なんとかみんなを逃がそうと思い、夜、何人かを集めて火炎瓶を持って出かけて行ったことがあった。

バリケードを挟んで教職員と学生がにらみ合っているところに、なにげなく近づいて道路に火炎瓶を投げた。夜だから思いのほか炎がぼわっと大きく上がった。みんなが驚いた隙《すき》に、封鎖した建物に入り、その中にいた仲間を逃がしたのである。

二回目に逮捕されたとき、友人からは「お前、三回目はないぞ。三回捕まったら、今度こそ退学だぞ」といわれた。私も、その通りだと思い、それからはデモに出るのはやめた。

ところが、ある日、ただデモを見ていただけなのに、突然機動隊に囲まれ、交差点に引きずり出されて逮捕されたのだ。すでに顔を知られていたためだろう。大学で三回も逮捕されたのは私だけである。

こんな日々を送っていたのだが、医学の勉強はしていた。講義にはほとんど出なかったものの解剖や生理の実習には真面目に出ていたし、講義に出席しない代わりに医学書を運動の傍《かたわ》ら熱心に読んでいたのだ。

●未知なる臓器「脳」に興味を持って

将来は脳外科をやってみたいと思うようになったのは、四年生の終わりくらいだったと思う。すでに運動も沈静化し、大学は静けさを取り戻していた。

私も、医者を志した自分の気持ちと向き合うようになっていた。そのとき自分の中で興味が湧いてきたのが「脳」という臓器だった。

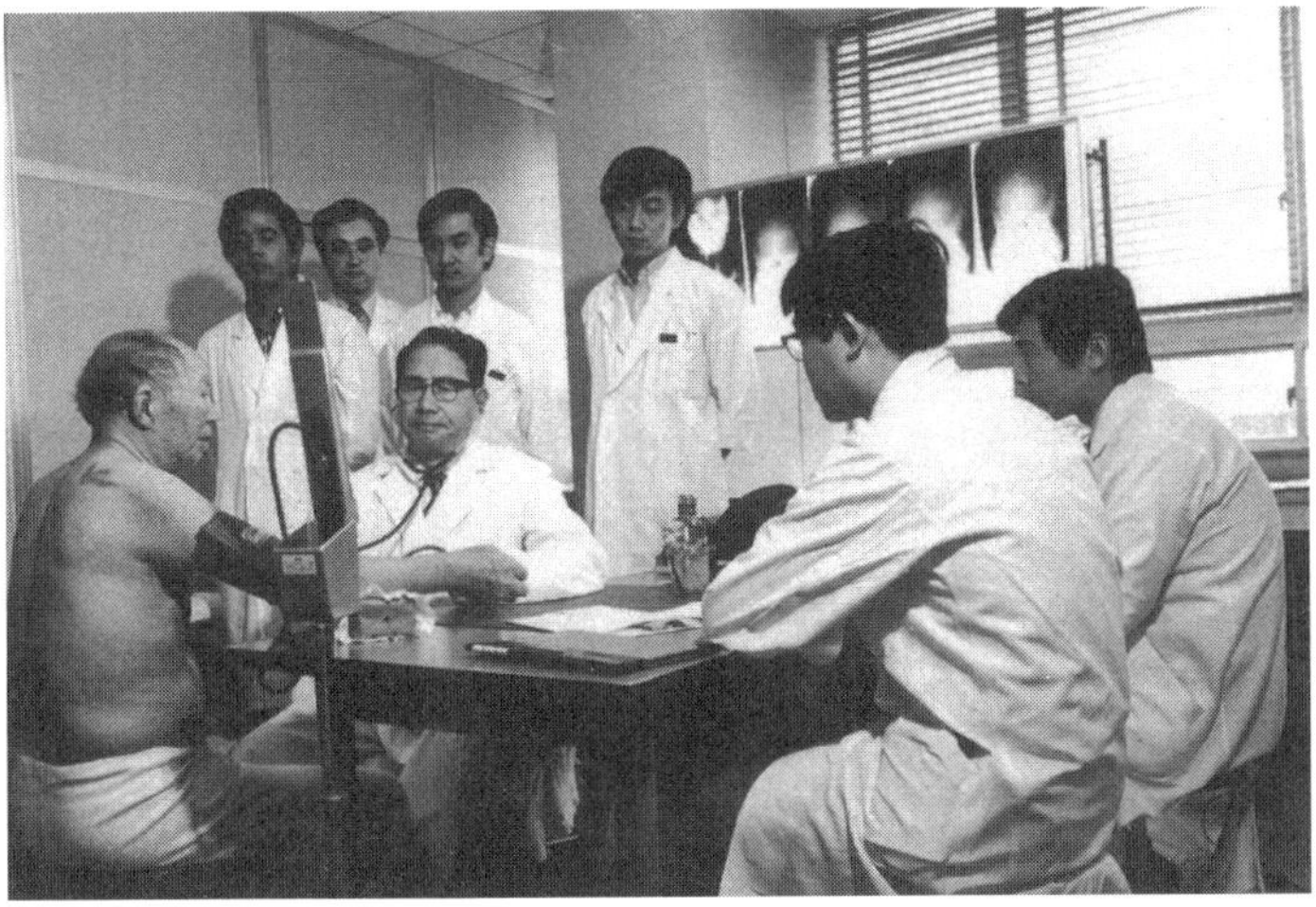

ポリクリ（臨床実習）には真面目に出ていた（写真中央が著者、大学６年生時代）

脳に興味を持ったのは、一つには父が耳鼻科医ということがあったと思う。父も脳に近い場所の疾患を専門に治療しており、親近感はあったが、なぜか耳鼻科はやりたくないと思っていた。それよりも、感覚器である耳や鼻から入った情報を、脳はいったいどのように処理するのだろうかといったことを知りたいと思った。さらには言葉を話すということも脳が司《つかさど》っているわけで、それはどのように行われているのか不思議だった。

未知な臓器だけに、脳に関する本を読めば読むほど新しい疑問や興味が次々と湧いてきた。なによりも私の心を捉《とら》えたのは、その未知なる脳にメスを入れる脳外科の手術とはいったいどのようにするのだろうという興味だった。

父に「脳外科医になる」といったときは、だいぶ反対された。父は耳鼻科をやれというのである。その頃には病院を辞めて、小川耳鼻咽喉科《じびいんこうか》という個人医院を開院していた。その医院を継いでほしかったのだと思う。反対を押し切って、私は脳外科医の道に進んだのである。

しかし、岩手医科大学の先生たちは、私が学生運動で暴れていたこともすべて知っているので、そのまま大学に残るというわけにはいかなかった。

卒業後の行き先をさまざま探した末、東北大学医学部附属の脳疾患研究施設の脳神経外科に入局が決まったのである。そこには、もやもや病の名付け親としても知られている脳神経外科の世界的権威である鈴木二郎先生がおられた。幸運なことに私は鈴木先生の下でお世話になることになったのだった。

ある意味で、これも学生運動をやっていたおかげかもしれないと思う。

若い頃は手術などさせてもらえないのだが、代わりに、さまざまな研究をさせてもらったり、なかなか面白い経験を積むことができた。

私は、犬に人工的に脳梗塞《こうそく》をつくって、その血流をはかるという実験を繰《く》り返《かえ》していた。これが私の学位論文になったわけだが、脳梗塞をつくり始めると二四時間寝ずに張り付いて観察を続けなければいけないのだ。

研究費がない時代だったので実験に使う犬を確保するのにも苦労した。ときどき、トラックをレンタルし保健所に行って、捕獲された野犬をもらってくる。その犬に脳梗塞をつくり、ずっと観察を続ける。外来を少し手伝って、教授の総回診には出て、あとの時間は実験室で犬と一緒に寝ているという生活だった。

当時の医局員はほぼ無給のようなものだったので、生活費を工面するために週に一回アルバイトに出ていた。私は毎週水曜日、栃木の総合病院に通っていたが、水曜日には研究報告会というのがあって、いつもそれに出席してから電車に飛び乗るようにして宇都宮まで行っていた。

行った日は泊まり、次の日一週間ぶりの外来患者を診て、入院患者の回診をして帰るという勤務である。医局員になって数年経っていた頃のことだった。その病院ではめったにないことなのだが、ある日、救急センターに明かりがついていたのである。

センターに行って、「どうしたの?」と聞くと、

「ああ、ちょうどいいところにきてくれた。この患者さん、先生の専門」

というのである。見ると、頭部外傷。兄貴の女に手を出して、それがバレて追いかけ回され木刀で頭をぼこぼこに殴られたのだそうだ。意識はなく、まったくの昏《こん》睡《すい》状態だった。

「何か薬はやったの？」

「まだ何も投与していない」

「そう。じゃあ、マンニトールとステロイドを注射して、ちょっと様子を見よう」

すると、患者が動き始めたのだ。〝これは助かるな〟と思ったが、その病院にいた当直医の医者たちは誰も頭の手術をしたことがないという。脳外科医が一人もいなかったのだ。私も手術はしたことがなかった。しかし、放っておけない。

すぐに大学の医局に電話をして助教授に患者の説明をした後、私は、

「多分、急性硬膜外血腫《こうまくがいけっしゅ》だと思います。手術をすれば治るだろうと思うんですが……。私は手術を術者としてはやったことがないんです。どうしましょうか？」

そう聞いた。すると、助教授は「やれ！」というのである。

外科の医師に麻酔をかけてもらって、そのままアシスタントとして入ってもらっ

た。私自身、アシスタントとして数えきれないくらい手術室に入っていた。見様見真似ながら手術の手順はわかっていた。自分でも不思議なくらい、落ち着いて開頭手術ができた。無事に手術を終え、その患者は、すっかり元気になった。

これが私の初めての手術だった。私は、手術はいいものだなとしみじみ思った。だが脳疾患研究施設では教授が手術をするので、その後も簡単な手術は任せてもらえても、難しいものはほとんどやる機会がなかった。

脳疾患研究施設に九年いて、そこで学位を取り、のちに国立仙台病院の院長になる桜井芳明部長の引きで国立仙台病院（現国立病院機構仙台医療センター）の脳神経外科に移ることになった。ようやく思う存分に手術ができるようになったわけだ。この病院にいるときに年間四百数十例の手術をしたことがある。国立仙台病院も麻酔医、看護師不足で、脳神経外科の週の手術枠は二・五、すなわち朝から晩までの一日枠が二つ、半日枠が一つしかなかった。週七枠あっても年三六五例しかできないのである。ウイークデーは麻酔科医が帰ったのちの夜間から、脳外科医が麻酔をかけ、こっそり急患と称して手術を入れ、ほとんどの土日は何らかの手術をしていたのである。手術室の看護師もよくわかっていて、金曜日定時の手術をしていると、手術をしている耳元で「先生、今週の土曜、日曜の臨時の定期は何の手術が入っていますか？」と聞くのである。

やはり患者を救うために手術をしているときが、外科医としての充実感を最も感じるときだった。手先もわりと器用で、外科に向いていたのかもしれない。

この頃は結婚もしており、長男もいた。朝は息子が寝ているうちに病院に行き、帰る頃には息子はすでに寝ているという生活が続いていた。とある日曜日、珍しく息子が起きているときに家におり、夕食を家族三人の団らんでとる機会があった。すると、息子がいうのである。

「パパ！　次はいつママのお家に来るの？」

「またママのお家に来てね」

ママのお家とはまいった。近所からも「あそこの旦那さん、国分町（仙台市の夜の繁華街）で夜の仕事をしているようよ！」と噂が立っていた。しかし、そんな噂も気にならないほど、本当に手術が楽しくてしょうがなかったのだ。

そうしているうちに学会でも「小川彰というのは若いけど手術が上手《うま》いらしいぞ」という評判が立つようになり、学会でも難易度の高い手術に関するシンポジウ

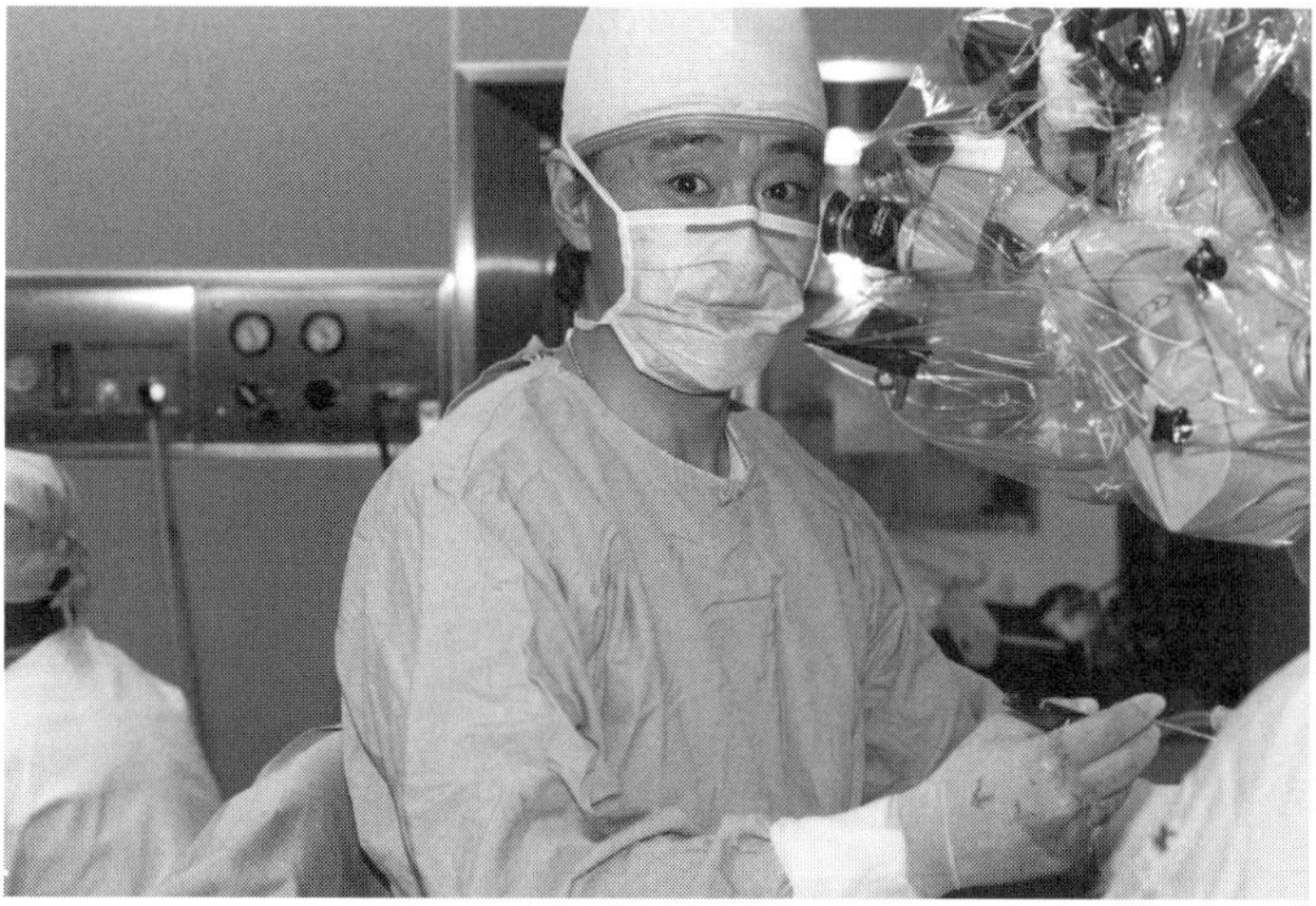

手術中の著者

ムの演者に指名を受けるようになっていた。

三十八歳のとき、研究施設でお世話になった脳外科の鈴木二郎先生が東北大学を退官されることになり、後を継いで教授になった吉本《よしもと》高志《たかし》先生に、助教授でこいと呼ばれたのだった。こうして私は三十八歳で、東北大学医学部の助教授になった。

●米バロー神経研究所への留学

医学部の助教授というのは、それはもう大変な仕事だった。一言でいえば「雑用係」である。本当にさまざまなことに対応しなければならなかった。

吉本教授の教室からも大学の関連病院に多くの医師を派遣しているのだが、その医師たちに対する病院の院長、部長、事務方の苦情や文句を聞いて対処しなければならないし、ときには吉本先生が教室の研修医たちを叱《しか》った後のフォローもしなければならない。彼らを前にして、

「なぜ先生が怒ったのか、お前わかるか？」

と、先生の叱責《しっせき》のわけを噛《か》んで含めるように説明するのである。

その一方で、手術の多くを術者としてやっていた。朝から夜まで忙しく、まったく自分の時間がとれず、論文を書くこともできないのだ。二年ほど経った頃、

「先生、このままだったら私は駄目になります。ちょっとアメリカに留学させてください。しっかり論文を書いてきますから」

と、吉本先生に懇願した。

国立仙台病院時代からの症例や東北大学の助教授として立ち会った症例など、論文を書くデータはいろいろあった。それをなんとか論文にまとめたかったし、そのための時間がほしかったのである。

一九九一年（平成三年）三月、私はアメリカのアリゾナ大学バロー神経研究所に一年間留学することになった。すると、家族も一緒に行くという。こうして妻と小学生と幼稚園の二人の子ども、四人でのアメリカ生活が始まった。

まずアリゾナに行ってやったことは、子どもたちを現地の小学校、幼稚園に入学させることだった。

バロー神経研究所は、アリゾナ州の州都であるフェニックスにある。フェニックスは非常に暑いところだった。西部でもあり人種差別も強い地域である。東洋人ということでバカにされてはいけないと、私はネクタイを締めて正装し、子どもにもネクタイを締めさせて校長先生を訪ねた。入学の手続きも済ませた帰り際《ぎわ》、校長先生がこういった。

「明日からは、くれぐれもＴシャツでくるように、お願いします」

ラフな土地柄のようだった。

バロー神経研究所の病院は、セントジョゼフ病院といい、アリゾナでもアメリカでも最もレベルの高い病院だった。その病院に日本から助教授でやってきた人物だということで、どうやら校長先生も一目置いてくれたようだ。しかも、初日にネクタイを締めて挨拶《あいさつ》に伺ったものだから、二目も三目も置かれたのかもしれない。

校長先生がクラスの人気者で学級委員の子に「あなたたち、面倒を見てあげてね」と、私の子どもが他の子どもからいじめられないように「バディ（親友）」といって、ボディガードにつけてくれたのである。子どもたちは英語をまったく話せない状態で行ったのだから、これは非常にありがたい配慮だった。子どもたちもとても楽しく充実した一年を送れたと思う。

この研究所を留学先に決めたのは、学会などで以前から親しくしていた、非常に手術の上手いスペッツラー先生が主任でおられたからだ。私の留学の目的は、スペッツラー先生の手術を見て学んだり、アメリカの医療事情を視察すること、そしてなにより論文を書くことだった。これまでためてきた症例データを毎月一本ずつ論文に仕上げ、世界のトップジャーナルに投稿していった。

研究所で私が手術をすることはなかったが、中堅のドクターが手術をしているときなどにはずいぶん助言を求められ手術指導はしていた。手術自体は日本のレベルとあまり変わらなかったのだが、システムに関してはとても勉強になった。

アメリカの脳外科医は、大げさではなく朝から晩まで手術をしていた。術後の患者管理は神経内科医の担当である。たとえば手術所見も自分で書かずに、こういう患者で、どこを開頭して、次にこうメスを入れて……とディクテーションセンターに電話で録音しておくのである。すると、次の日の朝には手術所見が仕上がっている。そういうワークシェアリングができていた。医者は書類仕事から解放されて手術に専念できるのである。

さらに看護師の中にはリサーチナースもいて、その人にデータ分析などを任せると臨床《りんしょう》研究のまとめをやってくれるのだ。こういうアメリカ的な合理性は、やはり学ばなければならないと思った。

帰国して東北大学の吉本先生の教室に戻ると、ほどなくして、岩手医科大学で教授に、という声をかけていただいた。

一九九二年（平成四年）十月、こうして私は母校に戻ってくることになり、また手術に明け暮れる日々を過ごすことができるようになった。

●一滴も血を出さない手術を目指して

これまで私は、おそらく一万例近い手術をしてきたと思う。

私たちの時代は、顕微鏡手術が隆盛を極めつつあった時代だった。その少し前、いわば草分けの時代に、私はいち早く顕微鏡手術を導入して、自らさまざまな工夫をしてその腕を磨いてきたのだ。

といっても岩手医科大学もまだ貧しく、脳外科には古い手術顕微鏡が一台しかなかった。また、手術用の専用イスもやっと一台借りることができたほどで、顕微鏡とイスが一組しかなかったのである。忙しい日には、一番と二番の手術室の間の扉を開けて、それぞれ頭を内側に向けてもらい、まず一例目の手術をする。その間に二例目の患者の開頭を若手にしておいてもらって、一例目が終わり次第、くるっとイスと顕微鏡を反対側に動かして二例目の手術を始める。こうして一日に四例の手術をしたこともあった。

人間は好きなことをやっているときは疲れない。私は、いくら手術をしても疲れは感じなかった。ただし、集中力が切れないように注意していた。そこで私は四時間１クールで手術をすると休憩を挟むことにしていた。

手術を始めて四時間くらい経ってどうも雑になってきたなと思ったら、スタッフにラーメンの出前をお願いするようにした。

そこで手を止め、届いたラーメンを食べて、コーヒーを飲み、一時間くらい休んでまた手術を再開するのだ。四時間やって、次は三時間。これが私のベストのペースだった。七時間かけても決着がつかない手術の場合は、一旦、そこで終えて、頭を閉める。そうした難しい手術は、最初から時間がかかることがわかっていることが多いので、あらかじめ患者本人や家族に二回に分けて手術をするかもしれないという話をしてあるのだ。

そのとき、次に手術をするときにわかるようにゴアテックスでできた薄いシートを要所要所に置いておくのである。論文を書いているときに、資料などの大事な箇所に付箋《ふせん》を貼っておくのと同じである。ゴアテックスのシートは人工の硬膜《こうまく》にも使うもので、脳には癒着《ゆちゃく》しない材質なのだ。それをいろいろな形に切って、大事な箇所に術式の道標代わりに置いておくのである。そうすると、次に手術をするとき、すぐに同じところに行ける。

　面白いもので、一週間くらいおいて手術をすると、一五分から三〇分くらいで終わることが多いのだった。こうした話をすると、三〇分で終わるのなら、頭を閉めないで続けて手術をやればいいのではないか、という疑問を持つ人も多い。だが、続けてやった場合、集中力が切れて、うっかり大事な神経などを傷つけるようなミスを起こす危険性がある。それに、人間の生命が持つ不思議さなのかもしれないが、二回目の手術までの間に本人の力で変形していた脳の形が正常化して、手術もやりやすくなる場合もあるのだ。

　私が脳外科の若い医者たちに口を酸《す》っぱくしていっていたのは、

「血を一滴も出すな」

ということだった。血を出してするような手術は手術ではないというのが、私の信念なのだ。

　脳は、頭蓋骨の中で硬膜に守られていて、その下にくも膜があり、くも膜の周りに水の層があって脳がある、という構造になっている。頭蓋骨の中に、水の層があるから、豆腐のように柔らかい脳が壊れないのである。比較的太い動脈静脈はくも膜と軟膜の間、くも膜下腔にある。脳の表面は軟膜で覆われていて、軟膜とくも膜はクモの糸のような繊維の束でつながれている。軟膜の下には毛細血管がある。脳は人間の体重の一三分の一の重さしかない臓器だが、血液の五分の一を使っている。脳自身、それだけ血管に富んだ組織なのである。しかし、正常の解剖学的な所見に従って、静脈や動脈を傷つけなければ血は出ない。脳の血管の位置を把握し、常に計画的に手術と向き合えという意味を込《こ》めて「無血の手術をしろ」といっているのである。

そのためには、手術に臨む前に、最低でも四回以上はそのシミュレーションをするのを日課にしていた。これが大切なのだ。この回数は多ければ多いほどいい。

手術を行うには、事前に手術の目的は何なのかということをまず知り、そして、それを行うために必要な解剖学的知識を頭に叩き込むことが必要なのである。ここを切るとすぐ右側に危ない部位がある。左は大丈夫だから、左に進んでいこうというような全体観に立った解剖学的知識に裏打ちされた手術、いわば〝お釈《しゃ》迦《か》様《さま》の手の中で行うような手術〟をするべきなのである。

私は若い医者たちにいつも、「手術所見は術前に書いておけ」ともいっている。

手術の前にＭＲＩ（磁気共鳴画像撮影）やＣＴ（コンピュータ断層撮影）、あるいは血管撮影など、さまざまな検査をするのだが、正しくそれらの結果を読み取り、自分が組み立てた正しいやり方で手術をすれば、手術をする前に所見も書けるわけである。それくらい万全な準備をして手術に向き合うべきなのだ。

手術中には不可抗力で突発的な出来事が起こる。シミュレーションでは、あらかじめ想定される事故の対応策を考えておかなければならない。ここを破られたらこうする、さらに問題が起きればこうして防ぐなどといったことで、私はそれを「保険」と呼んでいる。六段階くらいの保険を用意しておくべきだと思っているのだ。

すでに述べたように、私は手術上手だといわれていた。けっしてそれは手先が器用だとか、天性の何かがあるということではなく、こうした地道な努力があったからこその結果だということを、手術の教育をする中で若い世代に伝えたいのである。

●常に新しい研究に取り組むことを

基本的に医療の目的は、体のどこかの機能が壊れた、あるいは病気になった、という事態を正常に戻すことである。だからといって、医者が何かをして患者が治った、というのは不《ふ》遜《そん》極まりない考え方に他ならない。私たちはあくまでも患者自身が生体として治る、自ら治す、そのお手伝いをしているということなのだ。

いま岩手医科大学で進めているチーム医療も、医者をはじめとするメディカルスタッフがそれぞれの専門の知識や経験を出し合い、患者の持つ〝治る力〟を最大に引き出そうとする試みだともいえる。

脳についても病気やケガで壊れてしまった部分は致し方ないかもしれないが、手術でそれ以上にダメージを与えることはしてはならない。そのためには、どこを壊せばどういう症状が出るのか、ここは言語を司る部分、ここは物を見る中枢、ここは記憶を留める場所などと、解剖学的な知識や生理学的な知識を常に蓄えていく必要がある。

新しい知識を仕入れる上でも、常に学ぶ姿勢を持ち続けるという観点からも、私は教授時代から脳外科に文部科学省の科学研究費補助金や厚生科学研究費などの研究資金を獲得する努力を続けてきた。研究費の面を見ても、国立大学と私立大学では歴然と差がある。全額が補助される国立大学とは違い、私学の一般的研究費補助は半額補助が当たり前で、官民の不平等がある。私学の場合、自ら貪欲にそれを取りにいくしかないのだ。いかに研究費を獲得してくるかは、大学そのものを活性化させるためにも必要なことなのである。

教授時代、よく通ったなと思うかなり大きな研究費があった。これだけ高額な研究費はそうあるものではない。それはＭＲＩという機械についての研究だった。その研究をするためには超高磁場ＭＲＩ研究施設をつくらなければならない。たしか初年度は一六億円の研究費で半額八億円の補助である。それを獲得するためには、大学としても八億円の予算を組まなければならないのである。

私は、無理だろうと思いつつ、当時の大堀理事長に面会を申し込んだ。

「いや、理事長は『バカ野郎』っておっしゃるかもしれませんが、話だけ聞いてください」

そういって、いま自分がどんな研究費を取ろうとしているかを説明した。

「研究費の申請を出しても通る可能性は少ないと思いますが、もし通ってしまったなら、来年の年度計画に大学として八億円の予算を組んでもらっておかないといけないんです」

私は「バカ野郎、何考えているんだ」といわれるだろうと覚悟していたのだが、理事長は「やろう！」といってくれたのである。

申請が通り、一期五年の研究費を二期一〇年にわたってもらうことができた。その一〇年の間に、研究チームで五〇〇本の英語の論文を発表できた。それらはすべて臨床的な研究だった。その結果、世界的な常識として、脳の機能を生理学的に解明するための研究機器だと考えられていた超高磁場ＭＲＩが、脳の細密な断層画像を撮影することによって病巣《びょうそう》を〝見える化〟する診断機器として使えることを証明したのだった。世界の常識を覆《くつがえ》したわけである。

私が学長に就任したのは、二〇〇八年（平成二十年）一月のことだった。

かつては医学系の大学の医学部長や学長というと内科の先生が多かったのだが、いまは外科系が増えてきている。どちらかといえば内科の先生たちは「まぁ、しばらく様子を見てみましょう」という調整型が多かったように思う。

しかし、いまのように変化の激しい時代になると、血が出ているのならまず止めなければいけないと、即断即決するタイプが求められるのかもしれない。私も、良い悪いは後からついてくる、とにかくいまはこれをやるんだと大鉈《おおなた》を振るってきた。

その最たるものが、矢巾町の新キャンパスと新しい附属病院の構想である。大学ではチーム医療を念頭において、医・歯・薬・看護の四学部が同じキャンパスで学べる「多職種連携教育」を実現させ、病院は患者本位で、かつ災害に強い災害拠点病院を目指して改革を行ってきた。

私は、医学部長になったとき、さらには学長になったときに本学の創立からの歴史を改めて学び直した。そこに一本、背骨のように貫かれている建学の精神を考えても、これらの構想はけっして間違っていないと考えている。

第3章　草創・黎明期の岩手医科大学と創立者

●トラコーマの一掃を決意して

岩手医科大学の創立は、長らく岩手医学専門学校の開校の年である昭和三年、すなわち一九二八年とされてきた。しかし、本学の歴史を知れば知るほど、それでいいのだろうかという気持ちが湧いてくるのだった。

岩手医学専門学校の開校に至る三〇年ほど前、本学の創立者である三田俊次郎先生が医学講習所という施設を開き、医師の養成をしていたということは言い伝えられてきた。しかし、その詳細が定かではなかった。

私は学長時代に本学のルーツともいえる医学講習所の歩みを調べるプロジェクトを立ち上げた。その結果、岩手県立図書館に所蔵されていた活動記録などに講習所の医療人育成実績などが残されていることがわかり、三田先生はその当時から変わらぬ信念を持ち、本格的な医師の養成を行っていたことが明らかになった。しかも医師ばかりではなく、すでに第一章で述べたように産婆看護婦養成所も併設してつくり、産婆（助産師）や看護婦（看護師）の育成も行っているのである。

創立者・三田俊次郎先生

二〇一四年に、私は本学の創立をこれまでの岩手医学専門学校創立の一九二八年ではなく、三田俊次郎先生が医学講習所を設立した一八九七年（明治三十年）に改めることに決め、内外に通達した。

ここでは三田先生が、どのような思いで岩手の地で医師養成をしようと志したのか、また本学は創立以来、どのような歩みをしてきたのか、それを見ていきたいと思う。

三田俊次郎先生が生まれたのは、一八六三年（文久三年）、戊辰《ぼしん》戦争が始まる五年前である。盛岡藩の御徒目付《おかちめつけ》の家に生まれている。父母はとても厳格で、先生自身、きょうだいの面倒をよく見て、懸命に勉強にも打ち込む少年だったようだ。

小学校のときに、明治天皇の東北巡幸があった。これが先生の人生を変えたといわれている。明治天皇は、岩手県に眼病患者が非常に多いことに驚かれたのであった。伝染性の結膜炎であるトラコーマに罹《かか》っている人が多数いたのである。トラコーマは失明の危険がある恐ろしい感染症である。当時は、いろりやかまどなどの煙で目を痛めても不衛生のまま放置していたことが原因ではないかともいわれていた。

この巡幸での話を聞き、先生は眼科の医師になることを志されたのである。岩手県からトラコーマを一掃したいという思いが、地域医療への道を歩ませたのだった。苦学の末に、二十三歳で第一期生として岩手県医学校（本学との直接の関係はない。後述）を卒業し、医師免状を取得した。一八八五年（明治十八年）のことである。その四年後、さらに眼科を究《きわ》めようと上京し、東京帝国大学医学部で眼科学を二年学んだ。そうして一八九一年（明治二十四年）、故郷に戻ると三田眼科医院を開いた。

しばらくすると三田医院は、いつも行列ができるほどになった。県内はもとより隣県からも患者が訪れたのである。だが、トラコーマの勢いは衰えず、衛生環境の悪さから、それ以外の眼病に罹る人も多かった。

三田先生は〝貧しい者にこそ眼病患者が多い〟ということを実感したようだ。その状況をなんとか改善しようと、三田医院には通常の入院施設とは別に、わずかな経費で入院できる自炊用のかまどのある病室も用意していたという。

三田先生が西洋医学の習得を志された明治初期は、まだまだ医者といえば漢方医という時代が続いており、西洋医学を学んだ医者の数は非常に少なかった。東北ばかりでなく、日本の他の地域を見ても人びとの衛生状態は劣悪だった。

明治政府は、医師養成や保健衛生に関する近代的な制度を確立するために、一八七四年（明治七年）に日本初の医療・衛生についての法令である「医制」という通達を発布した。これによって医学教育のガイドラインができ、医師の免許制度も決められた。翌七五年（明治八年）から医業の許可制と医術開業試験が実施されることになった。

これに応じて、官立（国立）、公立、私立と、全国に医術開業試験の予備校的な医学校が次々とできていった。三田先生が学んだ岩手県医学校（公立）もその一つである。

ある資料によると、医制発布から一〇年後の一八八四年（明治十七年）には、全国で官公立学校三〇校、私立二校の医学校があったという。学生数は四一〇〇人。これは当時との人口比で考えると、現在の各大学の医学部で学ぶ学生の数とだいたい同じくらいになる。

ところが、一八八七年（明治二十年）にとんでもない勅令が出されるのである。

「府縣立醫學校《ふけんりついがっこう》ノ費用ハ地方税ヲ以《もっ》テ之《これ》ヲ支辨《しべん》スルコトヲ得ス」

要するに、地方税を公立の医学校の費用に充ててはいかん、という命令である。

なぜ、こういう命令が出たのだろうか。当時の日本は非常に貧しい国であった。司馬遼太郎《しばりょうたろう》の『坂の上の雲』にもあるように、主な生産物は米と生糸《きいと》しかない国だったのだ。その貧しい国が、隣の清国やロシアを仮想敵国にして富国強兵の道を走っていたのである。軍艦や大砲に金を使わなければならないことから、教育にかける予算も限られてくる。そのために、医者を育てる費用を割《さ》いて普通教育に財源を振り向けようとする意図があったとされている。その裏には、医師の養成は当時五校あった官立の医学校だけで充分だという明治政府の思惑もあったようである。

このとき全国にあった公立医学校のほとんどが廃校になっている。三田先生が学んだ岩手県医学校も、翌八八年（明治二十一年）に廃校になった。その結果、東北・北海道という広大な地域において、医師養成機関は、今日の東北大学医学部の前身である官立の宮城医学校だけになってしまった。まさしく、医育の冬の時代が到来したのである。

●岩手医学校のスタート

一八八九年（明治二十二年）、県は財政難から医学校に併設されていた県立岩手病院も廃止し、その敷地に獣医学校を移転する計画を立てたのだった。人の病気を治す病院を運営するよりも、畜産の業績を上げるためには獣医の輩出のほうが大事だという判断だった。

三田先生は、この県の方針を聞き、大いに憤ったという。

先生は、眼科医院を経営する一方で、岩手病院を譲り受けて運営しようと決意した。関係各方面に働きかけながら、病院の建物と敷地の借用を訴える陳情を繰り返した。だが、県の意向は変わらなかった。盛岡市にも掛け合ったが、県の意向には逆らえないという。

それでも三田先生は諦めず、陳情を続けた。その結果、ついに一八九七年（明治三十年）に私立岩手病院が開院することになった。このとき、三田先生は医学講習所を開所するとともに岩手産婆看護婦養成所も併設したのである。

岩手病院の正面

病棟と中庭

厚生省（当時）発刊の『医制百年史』という書籍の中の「看護婦」の項目を見ると、三田先生が開いたこの学校は全国で六番目の看護婦養成機関だったことがわかる。先生は、この岩手県という北東北の地方にありながら、当時、東京と京都にしかなかった看護婦養成のための学校をつくったのだ。地域医療には医者だけではなく、看護師や助産師などのメディカルスタッフの育成も欠かせないという「チーム医療」の発想からだった。その先見性は素晴らしいことだと思う。私が、この医学講習所の設立を、岩手医科大学の創立にしたいと思った理由は、ここにある。

医学講習所は、当初、盛岡市内の医者たちが親睦《しんぼく》のために活用していた盛岡医会堂を教室にしていた。だが、一九〇一年（明治三十四年）になって、県から借りていた病院の敷地や建物が払い下げられることが決まった。払い下げ総額は当時の金額で八二四六円だったという。このとき講習所は、国が認める医学校となり、私立岩手医学校と名称を改め、市内の内丸に校舎を増築し本格的に医師養成を始めたのである。

医学校の教員の多くは岩手病院の職員が兼ね、ときに市内の開業医や理科・数学の教師たちも教壇に立ったという。盛岡の医者、教育者たちが力を合わせ包み込む

岩手病院で三田俊次郎先生を囲む医師、看護婦ら
（大正時代に撮影されたものと推定）

ように若い医者を育てたのである。

岩手病院では、創設者の三田先生は院主であるとともに眼科部長も兼ねていた。院長には、東京帝国大学を出た、当時名医と名高かった外科医の杉立義《すぎたてよし》郎《ろう》先生が就いていた。三田先生が懇願して招いたのである。杉立先生は、着任してすぐにジフテリア治療のために、東北・北海道初の気管切開手術を行ったという記録が残っている。このお二人も、医学校の教壇に立たれたのだろう。医師の資格試験であった医術開業試験の同校在学者の合格率はすこぶる高かったという。

三田先生は、この土地買収を機に、

これまで合同で授業をしていた産婆学校、看護婦養成所を独立させてもいる。ここでは専門教育の他、裁縫、料理、礼儀作法、茶の湯などの科目も開設し、さらに毎月二度、キリスト教や仏教の聖職者を招き、宗教講座も開いていた。まさに本学の学是である「医療人たる前に、誠の人間たれ」そのままの人間教育を実践していたのである。

一方で、医学講習所を立ち上げた後、先生は貧しい家庭の子弟に医学を学ぶ機会を与えるために「三田医学奨励会」という育英資金も創設している。小学校の教員の初任給が八円だった時代に、医師を目指す若者に一カ月五円ほどの奨学金を貸与したのだ。希望者には海外旅行の費用なども給付したという。

また、産婆学校、看護婦養成所は、当初、必要な学費を与えて学ばせる給費養成からスタートしたことも知られている。

三田先生には「医術は救済の根本」という信念があった。世を豊かにし、人びとの安心と健康的な暮らしを維持させるには、良医の育成こそが根本だと考えていたのである。それは病める人びとを救いたいという強い志の表れである。

当時、岩手県の病院の数は激減していた。岩手病院開設の翌年、一八九八年（明治三十一年）に一一医院あった病院が、一九〇一年（明治三十四年）には四医院にまで減ったと『岩手県史』は伝えている。その理由は、財政難で県内の公立病院がなくなっていったからである。

もちろん、徐々にその数は増えてはいくのだが、必然的に地域の医療は私立病院や個人医院が担うことになった。

私立岩手病院の大きな特徴は、院内に「施《せ》療《りょう》部」という部署を設置したことである。医療費を払うことができない貧しい人びとや出征した軍人の家族、遺族に無料で診察を行ったのだ。眼科医である三田先生は、盛岡市の依頼で市内の公立小学校のトラコーマに罹患した児童の治療を一カ月無料で行ったという記録もある。その数は、延べ一万六八二二人にも及んだそうだ。

山間部の無医村の村にも、ときには青森、秋田などの隣県にも、三田先生は往診に駆けつけたという。朝は暗いうちに岩手病院に行き、さまざま一日の指示を出した後、自身の眼科病院に戻って診療をし、午後は再び岩手病院にきて眼科部長として診療にあたる。ときに医学校でも講義をし、地方に往診にも出る。

まさに寝る間も惜しんで、地域医療と医療従事者の養成に駆け回っていたのである。

●私立を廃校に追いやった専門学校令

岩手医学校、産婆学校、看護婦養成所は、着実に成果をあげ、多くの医師や看護婦、産婆を輩出していた。ところが、明治政府が新たな政令を打ち出した。

一九〇三年（明治三十六年）には「専門学校令」というものを出し、専門学校の統一基準を制定した。続いて三年後の〇六年（明治三十九年）には医師法が施行《しこう》された。医師の資格を「帝国大医学科や官・公立・私立医学専門学校の卒業者」という規定にしたのだった。

当時、全国の医学校は、官立が六校、公立が愛知・京都・大阪の三校、私立は四校しかなかった。岩手医学校の他の私立は、東京にあった済生学舎、成医会講習所（東京慈恵医院医学校）、そして熊本医学校である。この政令によって専門学校の認可をとらなければ私学は生き残れなくなったのである。

この中で済生学舎は専門学校令が出た一九〇三年に廃校になった。済生学舎は一八七六年（明治九年）に現在の東京医科歯科大学の裏、本郷通りのホテル東京ガーデンパレスの場所に貧しい学舎を置き、現順天堂大学を教場として設立された。廃校までの二八年間に二万名もの学生が学び、一万名近くの西洋医師を輩出した大変素晴らしい学校だった。

戊辰戦争のとき、奥羽越列藩《おううえつれっぱん》同盟に与《くみ》した越後《えちご》長岡藩は北越《ほくえつ》戦争（長岡戦争）で敗走し、総大将の家老・河合継之助《かわいつぎのすけ》は会津と合流しようと、会津に向かっている際に只見で戦死した。そのとき河合の死を看取ったのが長岡藩医の長谷川泰《はせがわやすし》だった。この間の経緯は司馬遼太郎の小説『峠』に詳しい。この長谷川泰が創設したのが済生学舎である。ここからは野口英世《のぐちひでよ》やのちに東京女医学校（現在の東京女子医科大学）を創設する女医の吉岡弥生《よしおかやよい》などが出ている。

このとき、成医会講習所は専門学校に昇格している。現在の東京慈恵医科大学である。熊本医学校は県立に移管した後に国立となった。現在の熊本大学医学部である。

わが岩手医学校はどうなったのだろうか。一八九七年にようやく医学講習所を開設し、一九〇一年に国が認める岩手医学校となり、そのわずか二年後には先の専門学校令発布である。三田先生の無念は察するに余りある。しかし、その後も専門学校令が求める専門学校としての学習環境を整えようと努力を続けたのだった。だが、それだけの資金は学校にはなく、結局、一九一二年（明治四十五年）に廃校となってしまう。

明治政府は、この専門学校令で、それまで行っていたいわば医師免許の認定試験である医術開業試験を廃止にして、東京帝国大学をはじめとした官学で医学教育を受けた者に医師免許を与える制度を確立しようとしたのである。文部省や東京帝国大学の一派が、東京帝国大学中心の医学教育の確立を目論《もくろ》んだのだった。そのために、医術開業試験の予備校的な私立の医学校を廃校に追い込みたかったのである。

こうした主張の中心者の一人が、『舞姫《まいひめ》』や『高瀬舟《たかせぶね》』などで知られる森鷗外《もりおうがい》だった。鷗外は文学を志す以前は、陸軍の軍医総監まで務めた医師でもあった。

鷗外こと、森林《りん》太郎《たろう》軍医総監は、こう主張する。

「東京には済生学舎、成医会講習所などの私学校あり、学内風紀の検束なく、生徒はあふれ試験もない。このような学校は法律で規制して廃校とすべき」

医術開業試験合格が卒業要件だったのだから、試験がないのは当たり前である。

森の主張に真っ向から反対したのが、岩手県出身の医師で第二代内務省衛生局長の後藤新平だった。後藤は、「いたずらに開業試験の程度（難度）を議論し、国家の要請をあなどるは行政の為《な》さざるところ」といい、「学術の深遠は学者の道楽にあり」とまでいって官の学問至上主義を批判したのである。

この後藤は、患者が多く医者が足りないという現状から見ても、一人でも多くの西洋医者を養成することこそが〝国家の要請〟だというのである。にもかかわらず、その国家の要請をあなどり、学問中心主義に走るのは愚の骨頂《こっちょう》であると訴えたのだ。

だが、結果は鷗外のほうに軍配が上がり、専門学校令が出されてしまった。それは、私立の医学校を存続させるためには文部大臣の「認可」が必要で、官学並みの実験設備や建物の基準を求めるものだった。この政令が出されると、長谷川泰は憤りのあまり済生学舎を畳《たた》んで故郷の長岡に帰ってしまったのである。岩手は地方だったが故、専門学校令の発布直後に廃校にはならず、一九一二年まで存続した。

●脚気を巡る日本初の医学論争

少し脱線するかもしれないが「脚気《かっけ》論争」について書いておきたいと思う。

専門学校令のときの後藤新平との政争では鷗外が勝ったが、実は鷗外が破れた大論争があったのである。それが日本初の医学論争として有名な脚気論争だ。

脚気は、全身の倦怠《けんたい》感に襲われ、食欲不振、足のしびれやむくみが出て、重症化すると心臓機能が低下し、最悪は死に至るという病気である。明治・大正時代に大流行し、結核と並ぶ日本人の二大国民病と呼ばれた。いまではその原因はビタミンＢ１が欠乏して起こることがわかっているが、当時は原因がわからない病気だった。

一八八二年（明治十五年）に日本海軍の軍艦がニュージーランド、チリ、ペルー、ハワイを巡る九カ月の遠洋練習航海に出た。このとき、乗員三七六名のうち一六九名が重い脚気に罹り、死者が二三名も出たという事件が起きた。

長くイギリスに留学していた経験のある海軍軍医総監・高木《たかぎ》兼寛《かねひろ》は、イギリス海軍では長い航海のときでも脚気など起こらないことを知っていた。何が違うのかと疑問に思った高木は、栄養に注目した。イギリス軍はパン食で日本は白米食だった。高木は、白米食は何かが欠けているのではないかと考えたのである。

　そこで、高木はその次の年に、脚気を出した軍艦が出港したのと同じ時期に、同じ規模の軍艦に、ほぼ同じ人数で同じ航路を回る実験をした。艦内では従来の白米ではなく、玄米や麦飯、パンを主食にした。その航海では、脚気の発病者は一人もいなかった。この結果を見て、高木は脚気の原因は兵員の食事の栄養の偏りにあると結論づけた。明治の時代にこのような科学的な大規模臨床《りんしょう》比較試験が行われたことの先見性は素晴しい。

　その数年後にオランダの医師がビタミンを発見してノーベル賞を受賞する。そして、脚気の原因はビタミン不足だということを発表した。高木はビタミンの存在をまだ知らなかったのだが、脚気の原因を栄養にあると考えた視点は間違っていなかった（吉村昭『白い航跡』）。

　海軍では、高木の意見を取り入れ、食事のすべてから白米を排した。だが、陸軍はそうしなかった。その理由の一つは、白いご飯を腹いっぱいに食べられるということが徴兵の〝アメ〟として使われていたこと。当時貧しい農家の二男、三男は、あわ・ひえしか食べられなかったため、白いご飯が食べられるというだけで軍隊に進んで入隊したのである。そして、もう一つが、ドイツに留学し、細菌学の権威であるコッホ研究所で学んだ鷗外こと森林太郎が脚気細菌説を強力に唱えていたことであった。

　結果、その後に起こった日清、日露の両戦争において、脚気の発症率は海軍と陸軍では比べ物にならないくらい違いが出た。

　日露戦争のときに、海軍の脚気の発症率の少なさを知った陸軍の前線指揮官から、軍の上層部に「兵糧《ひょうろう》を変えてほしい」という意見具申《ぐしん》があった。だが、このときも森軍医総監は頑《がん》として聞かなかったという。

　日露戦争の激戦地となったロシアの旅順要塞《ようさい》の争奪戦で、要塞を攻める日本軍の兵士の様子をロシア兵たちが「まるで酔っぱらいが突撃してくるみたいだった」と証言したという記録がある。脚気を発病し、神経障害が出てまともに走れなかった兵士が多かったのだと推測できる。この旅順での日本軍の戦死者は二万人を超えた。その半数以上は脚気で死に追いやられたともいえる（志田信男『鷗外は何故袴をはいて死んだのか——「非医」鷗外・森林太郎と脚気論争』）。

やがて、脚気の原因はビタミンＢ１不足、すなわち栄養が原因であると証明される。陸軍は早くから栄養に着目していた高木海軍軍医総監を黙殺した。それによって、高木兼寛の名は、あまり日本で知られることはなかった。

日本では歴史の向こうに追いやられた印象のある高木兼寛だが、実は世界の地図にその名前が刻まれている。ビタミンＢ１を直接証明したものではないものの、脚気の原因究明のため、当時画期的だった大規模臨床比較試験を実施し、大きな功績を残したとしてこれを顕彰してイギリスが南極大陸にある岬を高木岬と名付けたのだ。

いくつか世界地図に日本人の名前が残されているところがあるが、樺太とロシアの間にある間宮海峡もその一つだ。これは幕末の蝦夷地《えぞち》探検家の間宮林蔵にちなんで名付けられたものである。

●岩手医学専門学校の誕生

無念にも岩手医学校は廃校にならざるを得なかった。三田俊次郎先生が一九〇七年（明治四十年）に記した『十年間経営　概要報告』が残っている。

その中で、先生は、医学校継続が困難になったことに対する経営者としての無念さと医学生への大打撃が痛恨の極みだと心情を吐露している。しかし、最後には「将来の希望」と題して、こう綴《つづ》っているのだ。

「医学校を専門学校に昇格させ、病院を付属とする。現在の内科、外科、産婦人科、眼科に加え、皮膚花柳《ひふかりゅう》病（性病）科、小児《しょうに》科、耳鼻咽喉科、歯科の八科を設け、医師を配置。

そして、貧民救済のための『施療部』を拡張し、多数の患者を収容すると同時に、医学生の実習に役立てるべきだ」

一九一二年、ついに一旦廃校となるが、三田先生は一六年後にはこの構想を実現させるのである。

医学校が廃校になった後も、産婆学校と看護婦養成所は継続していた。これは三田先生の医学校再興への意志を強固に後押ししていた希望の一つであったろうと思う。

医学校を再興させるためにも、先生は残された岩手病院の経営に全力を投入して

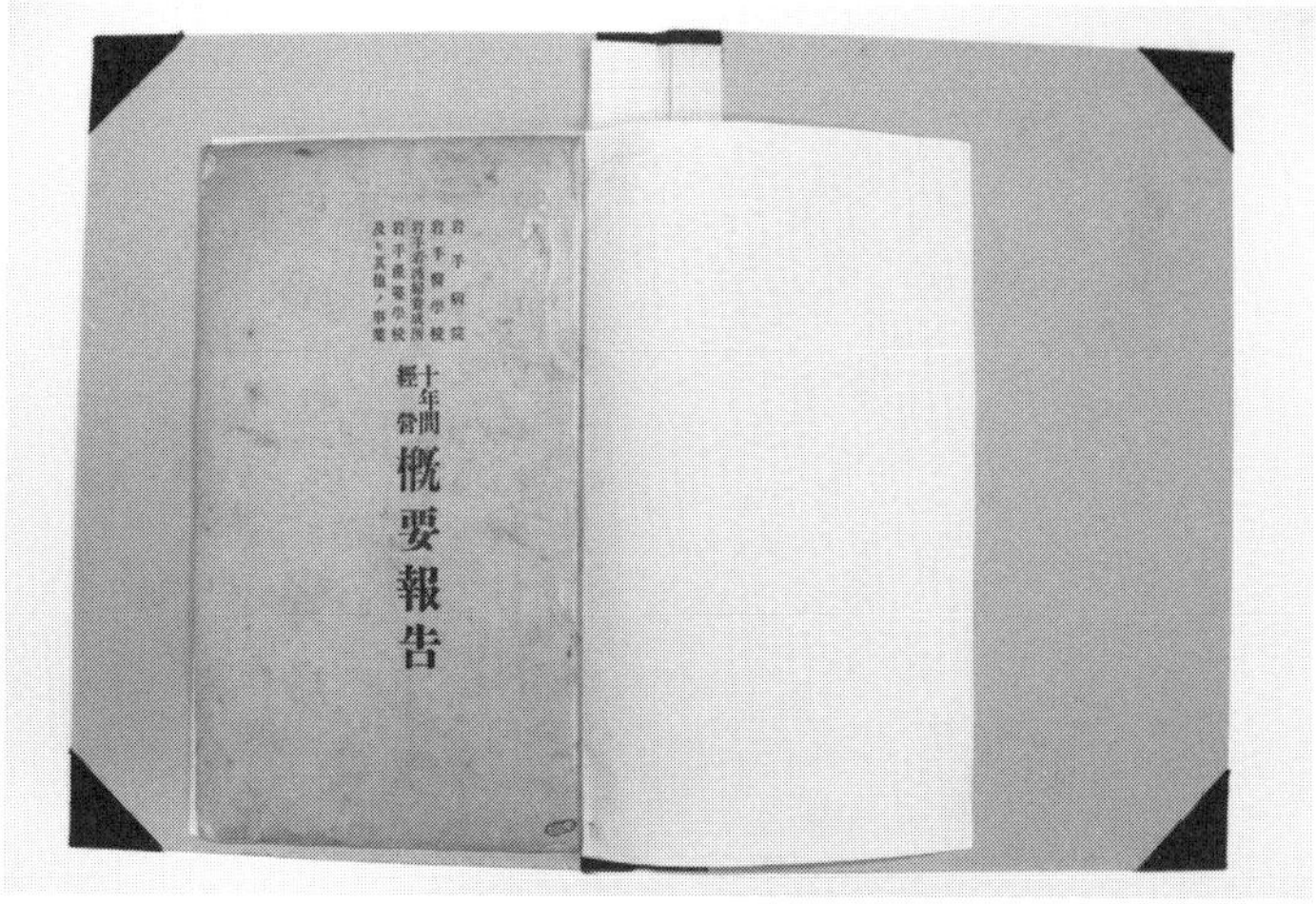

『十年間経営　概要報告』（明治40年発刊）

いた。だが大正時代に入ると、盛岡に日本赤十字社岩手支部病院が開院した。以前からライバルとして競い合っていた県立中央病院の前身である盛岡病院に加えて、三者三つ巴で存続をかける競い合いの状況が生まれたのだ。このとき先生は手薄だった内科を補強するために、新進気鋭の内科医であった佐藤《さとう》三千三郎《みちさぶろう》先生を高額な月給で招聘《しょうへい》した。

一九二三年（大正十二年）九月一日、東京を激震が襲った。首都に壊滅的な被害をもたらした関東大震災である。この震災が、期せずして、医師不足と負傷者の救済にあたった医師の臨床能力の低さを浮き彫りにしたのだった。政府や軍部内部からも、もっと多数の医師の育成を求める声が上がった。大学医学部よりも修業年数が短い四～五年制の医学専門学校を増設しようという議論が起こってきたのである。

三田先生は、この機を逃さず、文部省に何度も出向き、医者のいない町村が多く医療の貧困では日本一といわれた岩手県をはじめとした北東北、北海道の現状と医学専門学校の必要性を切々と訴えた。

そして、ついにその夢が実現するのである。一九二八年（昭和三年）二月十五日、岩手医学専門学校設立の認可が正式に下りたのだった。三田先生、六十六歳のときである。

初代校長となった三田先生は、養子の三田定則東京帝大教授と三田医学奨励会の奨学生だった小野寺直助《おのでらなおすけ》九州帝国大学教授たちの助けを借り、全国から気鋭の医師を招き、次々と新しい講座を開いていった。

第一期の学生の募集は一二〇名。学生もまた北海道や沖縄はもとより台湾、朝鮮からも集まってきた。その応募者数約一〇〇〇名。八倍の競争率の中、予定していた定員を超える一五六名が合格した。このときの試験は、「正確な日本語も話せな

1928 年（昭和３年）７月１日、岩手医学専門学校の開校式の様子

い学生に医学を学ぶ余裕はない」という三田先生の方針で、「英語」の代わりに「国史」を試験科目に入れるというユニークなものだった。

開校式が行われたのは一九二八年七月一日。数多くの来賓や学生たちを前に壇上に立った三田先生は、岩手県、北東北の医師不足や劣悪な衛生状態の現状を語るとともに、建学の志である厚生済民の医療の必要性を語ったのだった。

●「誠実な田舎医者となれ」

岩手医学専門学校設立当初には、いくつか特筆すべき出来事があった。それを記していきたいと思う。

まず一つは、開校に先立つ六月。あの森鷗外の官学主義に異を唱えた後藤新平が同校を訪れ、「現代ノ医学」と題する講演を行ったことである。

森鷗外と論争したのは内務省衛生局長の頃であったが、一九二八年のこのときには台湾総督府民政局長、貴族院議員、満州鉄道総裁、内務大臣、外務大臣、東京市長などを歴任した子《し》爵《しゃく》（この年の秋に伯爵）であった。

日本のボーイスカウト初代総裁でもあった後藤新平は、ボーイスカウトの制服姿で颯《さっ》爽《そう》と現れたという。そして、概略以下のように語った。

「医学を専門とするものは、常に全体性を念頭におき、哲学的な視点で人間の心理を理解することが必要である。分化した学問や分野は、学びのための便宜的なものである。

医学とはどのような学問であるか、その全体性を明らかにし、社会全体の幸福を生むことが医者の任務である。

東京帝国大学で医学を学ばなければ立派な医学者になれないということはない。岩手医学専門学校で学んでも志が高ければ立派な医学者になることができる。精神が第一である」

そして、最後に、力強い声で、

「誠実な田舎医者となれ」

と呼びかけたというのだ。学生たちは、この後藤新平の話に限りなく勇気づけられたのである。このとき後藤が書いた揮毫《きごう》が、

「宇宙は乎手にあり、萬化は乎身に存す」

だった。宇宙は自分の手の中にあって、すべて世の中を変えていくのは自分の力でできる、ということだ。この扁額《へんがく》は、盛岡市内の内丸にある旧校舎の大会議室に飾られていた。私も医学部長時代、その扁額を背に会議をしたものであった。

ある意味で、とんでもない大風呂敷の言葉だが、人間の秘めた力の可能性を信じる、勇気が出る言葉でもある。後藤新平の講演からも滲《にじ》み出てくるのは、誠実な人間となることとの大切さではないかと思う。これも本学の学是である「誠」に通じるものである。

もう一つ記しておきたいことは、一九三〇年（昭和五年）に起こった「同盟休校事件」である。

開校から三年目、一期生は三年になっていた。医学専門学校では三年になると臨床実習が始まる。しかし、五月になっても、学生の実習所にもなる新病院ができあがっていなかった。

突貫工事でなんとか完成を目指していたのだが、学生たちはこんな状態で本当に臨床実習ができるのだろうかと焦り出したのである。その焦りは、やがて医師免許取得への不安や恐れに変わっていった。七月、ついに学生たちの不満が爆発した。

学生たちは市の公会堂で学生大会を開き、全員が学校を休むというストライキに突入した。代表一三名が教育改善要望書を手に、文部省に直訴するまでに及んだ。学生側の要求は、実習環境・設備の改善や附属病院の新設などだった。

マスコミは岩手医学専門学校のこの騒動を「同盟休校事件」として連日報道し、全国にも知られる騒ぎになった。

三田俊次郎校長は、ストに参加した学生四三〇名を無期限停学処分にした。同時に、保護者には学校の真意を伝え、子弟を落ち着かせてほしいという手紙を送った。全国から保護者たちが事態の先行きを心配して盛岡に駆けつけてきた。盛岡駅前には保護者のための駐屯所《ちゅうとんしょ》まで設置された。

三田先生の頑として譲らない姿勢に押される形で、学生たちの連帯にほころびがではじめ、学生たちのストライキは二〇日ほどで終結した。七月二十五日、全教授の立ち会いのもと、三田先生と学生たちが和解し、学生たちが謝罪文を提出すると無期限停学処分は解かれたのだった。

しかし、結果としてこの騒動は岩手医学専門学校の教師陣と学生たちとの結束を固めさせた。学生たちの行動によって彼らの医学に対する熱い志が伝わったのである。

こうして彼ら一期生約一〇〇名は、一年後の一九三二年（昭和七年）三月二十六日、医師免許を手に卒業式を迎えた。その前日、文部大臣から卒業生に医師免許を交付するという電報が入った。その夜は、医師免許交付を祝って教職員、学生が一緒になって提灯《ちょうちん》を持ち、盛岡市内を練り歩いたという。医学専門学校の学生たちの新たな旅立ちを、市民たちもわがことのように喜んだそうである。

そんな学生たちの志を伝えるものとして、衛生検査部の設立がある。創立者で校長でもある三田先生の志「厚生済民の医療」を実践するために、開校ほどなく部活動の一環として衛生検査部を立ち上げたのだった。

学生たちは、盛岡市民を対象にした健康診断、保育所・小学校での体格検査や検便、検尿などを無料で行った。附属病院の医師たちと一緒になって県内の無医村地区を回る出張診断も行い、やがて市内に無料診療所・相談所を設置するまでになる。

この衛生検査部は、現在も続いている。一〇〇年近くにわたって地域医療を陰で支える部活動が続いていることにも、創立の精神を守り続ける私学の力を感じる。

創立者・三田俊次郎先生は、第一回の卒業生を送り出すまでは家に帰らず校長室で寝起きし、学校の経営、運営に心血を注いだのだった。

彼らの卒業を見送った後は、さすがに校長室で寝起きすることはなくなったというが、それでも朝は五時に登校していた。その後、看護婦に一時間ほどの講話をし、家に帰って朝食をとって、再び登校。毎朝行う職員との「八時会議」に出席した。そして、病院と学校を巡回するのが日課だった。

三田先生の医学校建設にかける情熱は、最晩年になっても衰えなかった。

逝去は、一九四二年（昭和十七年）九月十三日早朝のことだった。眠るように逝ったという。享年八十であった。

第4章　岩手医科大学と台湾を結ぶ三人

●それぞれの本学との関わり

本学の創立者三田俊次郎先生の建学の志は、その死後、養子である三田定則先生に受け継がれていくことになる。三田先生が亡くなられた一九四二年（昭和十七年）、定則先生は台北帝国大学総長を辞し、帰郷。岩手医学専門学校の第二代の校長に就任する。

定則先生は、「血清学の父」「実験法医学の祖」とも呼ばれ、数々の先駆的な研究に取り組み、日本の医学の進歩に大きな足跡を残した、日本を代表する医学者の一人である。だが、その定則先生が台湾大学（当時台北帝国大学）の医学部を創設し、第二代総長を務めていたことは、あまり知られていない。

実は、植民地時代の台湾で活躍した岩手県人は多い。岩手医科大学と台湾の間にも不思議な絆《きずな》がある。

その絆を結んだ一人は、台湾総督府民政長官という、台湾のナンバー2の立場にいた後藤新平である。後藤は、前章で述べたように、岩手医学専門学校の認可が下

三田定則先生

りたときに講演に訪れている。

もう一人は『武士道』の著者としても知られる、国際連盟事務次長を務め、「われ太平洋の橋とならん」の名言を残した新渡戸《にとべ》稲造《いなぞう》である。農学者新渡戸は後藤の強い誘いで台湾に赴き、サトウキビ栽培法の改良などに取り組んだ時代がある。新渡戸は台湾での仕事を終えて日本に戻ってから、本学附属の岩手病院に二度も入院している。

一回目は一九一四年（大正三年）七月。宮古での視察旅行から盛岡に帰る途中、彼を乗せたバスが山道の崩落によって七メートルも崖下に転落した。連日の雨で地盤が緩んでいたのが原因だった。これは岩手県初の交通事故といわれている。従って、新渡戸稲造は岩手県交通事故受傷者第一号である。

この事故で新渡戸は腰を強く打った。岩手病院に運ばれたときは、激痛で眠ることができないほどだった。それから五日間、入院したのである。

少し余談になるが、宮沢《みやざわ》賢治《けんじ》も同じ頃、岩手病院に入院している。賢治は、盛岡中学を卒業したばかりの一九一四年、鼻炎《びえん》の手術のために入院した。手術後に高熱が続き、腸チフスの疑いがあったため入院が一カ月に及んだ。

そのとき、自分を甲斐《かい》甲斐《がい》しく看病をしてくれる高橋ミネという、一人の看護婦（看護師）に恋をしたといわれている。賢治は真剣で、この看護婦との結婚を父に相談したが、反対されている。だが、その実、相手には告白もしていない。淡い初恋だったようだ。その心のあり様を思い起こして晩年つくった詩が「岩手病院」である。「岩手病院」の詩碑《しひ》は内丸の二号館前、歯学部との陸橋そばにある。高橋ミネさんの遺族は現在北海道在住である。お孫さんたちに宮沢賢治との出会いについて聞いたが、高橋ミネさんからは宮沢賢治の話は聞いたことがないという。

新渡戸稲造氏（前列左）が1928年（昭和３年）に入院した際に撮影されたもの。前列右は、三田俊次郎先生

心の中に深くしまった、全くの片思いだったようである。

二回目の新渡戸の入院は、それから一四年たった一九二八年（昭和三年）八月のことである。ようやく本学が岩手医学専門学校としてスタートを切った年だ。青森県を視察旅行中に下痢の症状が治まらず、岩手病院に入院した。岩手医学専門学校の校長で岩手病院の院主だった三田俊次郎先生とも懇談の時間を楽しんだのだろう。佐藤三千三郎院長と三人で写した写真が残っている。

そして三人目は、三田定則先生である。定則先生が初代部長を務めた台北帝国大学医学部の源流をたずねれば、後藤新平が台湾での医師の養成を目指して設立した台湾総督府医学校に行き着くのである。

●若き日の後藤新平

後藤新平は、一八五七年（安政四年）、現在の岩手県奥州市に生まれた。父は、仙台伊達藩《だてはん》の中でも格式の高い家の一つである留守家の目付を務めていた。少年時代から才気煥発《かんぱつ》で非常に頭は良かったものの、手のつけられないほどわんぱくなガキ大将だったという。

後藤もまた、戊辰戦争によって人生が大きく変わった一人である。明治維新の翌年、新しい時代に入り一家は武士の身分を捨て帰農することになった。後藤は十三歳だった。彼にとって幸いだったのは、地元に置かれた役所に赴任してきた新政府の官僚に、その才能を見出されたことだった。

その一人のすすめで一八七四年（明治七年）、後藤は福島・須賀川にあった須賀川医学校に入学する。そこで物理学、化学、解剖学、生理学など西洋近代のさまざまな科学に強い関心を覚えて、猛烈《もうれつ》に勉強した。生活は極度に貧しかったそうだが、勉強ができることを思えば、それも苦にならなかった。

しかし、須賀川医学校は原書による講義を行う教師が少なく、主に翻訳書による講義だった。後藤はできれば原書を通して学べる中央の学校に入りたかったようだが、それはかなわなかった。その屈折した感情が後藤の反骨精神に火をつけたのだろう。当時から、正規の過程で学んだ若いエリートに対しては強い反発を示した。

とにかく都会に出てもっと学ぼうと、後藤は一八七六年（明治九年）八月に名古屋に行き、愛知県病院の三等医となった。故郷で後藤に目をかけてくれた新政府の官僚が名古屋に赴任していたこともあり、後藤は名古屋で昇進を続けた。七八年（明治十一年）には愛知県病院長兼医学校長代理となり、八一年（明治十四年）には弱《じゃっ》冠《かん》二十五歳で正式に愛知県病院長兼医学校長になった。

その翌年、一八八二年（明治十五年）四月、遊説《ゆうぜい》中の自由党・板垣退助《いたがきたいすけ》が岐阜で凶漢《きょうかん》に襲われた。「板垣死すとも、自由は死せず」という言葉を残したといわれる、いわゆる板垣退助暗殺未遂事件である。

当時の革新政党である自由党との関わりを恐れ、凶漢に刺された板垣を進んで診察する者がいなかった。そのとき、そんなことに構わず駆けつけたのが後藤だった。彼は相当に腹が据わった人物だったのだろう。後藤は「閣下御本懐《ごほんかい》でございましょう」といったという。後藤の診察を受けた後、板垣は「彼を政治家にできないのが残念だ」と口にしたという。

これは、後藤の若き日の最も有名な逸話になった。

後藤は学校・病院の経営者としても有能だった。優秀な人材を雇用し、大幅な組織改革を断行することで、愛知県病院・医学校（後の名古屋帝国大学・現名古屋大学医学部）の名を全国に知らしめた。

やがて後藤の関心は、病気の治療から予防へ、すなわち公衆衛生へと移っていく。愛知県令（現在の知事）に人びとの衛生意識を高める「健康警察医官」というものを設置するように建白書を書いたのである。この建白書が注目され、後藤は八二年（明治十五年）に内務省衛生局に勤務するようになった。

まず後藤がやったのは、新潟・長野・群馬三県の衛生調査だった。衛生状態の実態を知るために子細な審問表をつくり、いまでいう社会調査を行った。何をするにせよ、現地の実態を調査し、その現実に応じた手法を講じていくというのが、後藤の変わらない手法だった。

その後、ドイツ留学を経て、後藤は衛生局長になるのである。

●台湾の民政と東京改造

一八八九年（明治二十二年）に後藤は『国家衛生原理』という、自身の最初の著作を出している。その著作で、国家というものは至高の有機体で、それを構成する人間は国家という集合体を構成する「分子」だと考え、いわば「生物学的国家観」を展開した。

こうした生物学的なものの見方は、後藤の都市づくりにも色濃く表れている。後藤は、都市計画も人体をイメージしていたといわれる。

道路を血管に見立て、大動脈としての幹線道路をまずつくり、そこから網の目のように道を行き渡らせていく。上下水道なども同じである。道路と同じように、衛生制度も重視した。

医師でもあった後藤にとっては「衛生」こそが国家の統治の根幹だった。人間の体がそうであるように、まず道路や上下水道などの都市インフラを整備し、人びとの衛生意識を環境面から高めていった。まさに後藤がいう「学問を通じて社会全体を幸福にすることが医者の責務である」という言葉を自ら実践しているのである。

その後藤が、台湾総督府の第四代総督であった児玉源太郎《こだまげんたろう》陸軍大将のたっての願いで民政局長（のちに長官に名称が変わる）として招かれたのは、一八九八年（明治三十一年）のことである。当時の台湾の大きな問題は、ゲリラと阿片《あへん》問題だった。

後藤は、一挙に台湾を〝日本化〟しようとしたのが失敗の根源だとし、そうではなく、これまで台湾の人たちが長い歴史の中でつくってきた「自治制の慣習」、すなわち台湾の文化を尊重することこそが肝心だと、児玉総督に訴えた。強制ではなく、不都合があれば徐々に改良していく。北風と太陽の寓話《ぐうわ》を借りれば、北風ではなくあたたかい太陽が旅人のコートを脱がせたように、ソフトパワーで統治すべきだということである。

　児玉は後藤の意見を受け入れ、民政のすべてを彼に任せた。

　後藤は、すぐに台湾の現状と古くからの慣習を知るために、大規模な調査をした。後藤にいわせると、この慣習の重視こそが「生物学の原則」なのだった。後年、彼は台湾統治の成功の最大の秘訣《ひけつ》は生物学の原則によるものだと、いい残している。

　後藤は、片方でゲリラ問題と阿片問題にソフトパワーで取り組み、もう一方ではより大胆に台湾経営を進めていった。田畑の調査をして土地台帳を作成し、道路や鉄道、港湾をつくり、衛生環境をよくするために上下水道などの整備に力を入れた。そしてのちに、医師の養成のために台北帝国大学医学部となる医学校も設立した。

　さらに産業を育成するために製糖産業に目をつけ、その育成を任せようと同郷の新渡戸稲造を呼び寄せ、殖産《しょくさん》局長にした。当時、新渡戸は札幌農学校教授を辞して、アメリカに渡り、静養をしていた。後藤は新渡戸を二年かけて口説いた。

後藤の熱意に負けて新渡戸が台湾に渡ったのは、一九〇一年（明治三十四年）二月のことである。

新渡戸は思想家であるとともに、優れた農学者でもあった。台湾に赴任するとすぐにインドネシアのジャワ島に砂糖の研究に行き、のちに台湾の製糖の基礎になる「製糖改良意見書」を書いた。インドネシアから持ち帰ってきたさまざまなサトウキビの苗《なえ》を植え、その品種改良、栽培方法の改良に取り組むと同時に、製糖工場の近代化、大規模化を図《はか》っていった。

その前提になったものは、もちろん後藤が進めてきた広い道路で、それはいまも残っている。また、上下水道の建設である。これらの都市インフラは、衛生の向上はもとより産業発展の基盤にもなる。後藤の都市計画は、大胆でありながら実に周到なものだったといえる。後藤の計画した台北市は、上下水道を完備した、当時世界で最も衛生的な大都市だったという。

やがて後藤は満州鉄道総裁になり（一九〇六年）、台湾を離れる。このとき新たに台湾総督府顧問という職が新設され、後藤はそれを兼ねることになった。いかに台湾での彼の施策が大きな結果を出し、かつ台湾の人びとにも歓迎されていたかがわかる。

その後、内務大臣、外務大臣などを歴任し、一九二〇年（大正九年）十二月に後藤は東京市長になる。重要街路の新設、既存《きそん》の道路の拡張、地上のビルディングの整理、上下水道の整備、ゴミ処理のシステム化、公園の新設、電気・ガス事業の改良、港湾の改修など、このときも東京改造と呼べるほどの都市計画を練り上げた。

後藤の構想は、あまりに気宇壮大《きうそうだい》すぎて多くに理解されず、結局は実現しなかった。後藤が東京市長を辞したのは一九二三年（大正十二年）四月だった。その年の九月一日正午近くに、関東大震災が起こった。後藤は、二度目の内務大臣の職に就いた。

このとき、彼の東京市長としての経験、構想力が大きな力を発揮する。二日、内閣親任式から戻ると、後藤は直ちに復興に向けての原則ともいうべき四項目を書いた。

一、遷都すべからず。

二、復興費に三〇億円を要すべし。

三、欧米最新の都市計画を採用して、我国に相応しい新都を造営せざるべからず

（＝造営しないわけにはいかない）

四、新都市計画実施の為には、地主に対し断乎たる態度を取らざるべからず

（＝取らざるを得ない）

後藤は、まず一〇〇メートル幅の道路を何本かつくり、その道路を中心に区画整理を行い、新しい首都東京をつくりあげようとした。一〇〇メートル道路は実現せず、半分以下の道路となったものの、いまでも昭和通り、靖国《やすくに》通りなどに当時構想されたものが残っている。この計画でも、後藤は「ほら吹きだ」「大風呂敷だ」と批判され頓挫したとはいえ、震災から一カ月を見ずに「復興院」を立ち上げ、復興計画は大幅に縮小されることになるものの、その基本計画を数カ月でつくりあげたことは彼の功績といえる。全力で地震の被害からの復興に邁進したのである。

一方、東日本大震災の後、復興庁が発足したのは大震災の翌年二月のことで、約一年も要している。このスピード感の違いは、東北に住む者として看過《かんか》できないものがある。

それはさておき、後藤新平は岩手県が生んだ傑出《けっしゅつ》した人物の一人であることは間違いない。

●新渡戸稲造の『武士道』

台湾の製糖産業の基礎をつくった新渡戸稲造は、一八六二年（文久二年）、盛岡南部藩士の三男として盛岡に生まれる。明治元年に学齢期を迎え、盛岡藩の藩校であった作人館に通うようになる。その頃から家の掛かり付けの医者から簡単な英語を習った。

彼の母方の祖父は江戸で材木商として成功していた。そのため新渡戸の家には西洋のものがたくさんあり、小さなときから西洋への憧れを持っていたようである。やがて作人館を卒業すると、新渡戸は上京し、十三歳のときに東京英語学校に入学。自分の進むべき道は農業だと決めたという。そうして一八七七年（明治十年）、札幌農学校に第二期生として入学する。この北海道時代にキリスト教の洗礼を受ける。

札幌農学校を卒業すると北海道庁に採用されたが、その後、創立まもない東京帝国大学に進学する。だが、農学研究のレベルの低さに失望し、退学してしまう。

新渡戸は一八八四年（明治十七年）に私費でアメリカに留学し、メリーランド州にあるジョンズ・ホプキンス大学に進学した。

新渡戸はアメリカ留学中に札幌農学校助教授に任命される。ジョンズ・ホプキンス大学を中退すると、そのまま官費でドイツ留学に赴き、そこで博士号を取得、札幌農学校に着任した。一八九一年（明治二十四年）のことだった。やがて札幌時代に体調を壊し、アメリカのカリフォルニアで療養生活を送るようになる。

この地で、彼は『武士道』を英文で書いた。さらには、後藤新平からの台湾招聘の執拗《しつよう》なラブコールも受けるのである。

新渡戸の台湾での仕事はすでに書いた通りである。彼の農学者としての業績もさることながら、私は新渡戸が著《あらわ》した『武士道』に注目したい。

新渡戸が『武士道』を書くきっかけとなったエピソードは、よく知られている。それは、彼のドイツ留学時代にベルギーの碩学《せきがく》ド・ラヴレー教授が発した一つの問いだった。

「宗教教育なくして、どうして道徳教育ができるのですか」

宗教に代わる日本の道徳教育の根幹とは、いったい何なのか。この問いに対する答えを探し求めて、長い間、自問自答をし続けた。そうして、自分自身の正邪善悪の観念の根本となっているものは武士道であることを見出した。

英語で出版された『武士道』は、たちまち世界的なベストセラーになり、新渡戸稲造の名前は世界に知られることになった。

新渡戸がいう武士道とは、武士階級のものではなく、広く日本中に浸透している倫理観、価値観の代名詞である。言い換えると日本の文化にもともと根ざしている精神ともいえるものだった。実際にＮＨＫの大河ドラマ『八重の桜』で「ならぬことはならぬものです」が有名になった会津・日新館の「什《じゅう》の掟《おきて》」、あるいは薩摩《さつま》独特の子弟教育の方法である「郷中《ごじゅう》」の基本には武士道があり、それは武士階級だけでなく全国で広く農民や商人にも行き渡っていたことがわかる。

日本の文化に根ざした精神というものを考えると、私の頭にはもう一つのものが浮かぶ。一八九〇年（明治二十三年）に制定された「教育勅語」でうたわれていた一二の徳目である。

わかりやすく記すと、

「父母に孝行、兄弟仲良く、夫婦仲むつまじく、友達とは互いに信じ合い、行動は慎み深く、他人に博愛の手を差し伸べ、学問・技術を修め、知能をさらに開き起こし、知徳・才能を伸ばし、公共の利益に尽力し、法に従い、勇気を持って公《おおやけ》のために尽くす」

ということである。

「教育勅語」というとすぐに拒否反応を示す人も多い。確かに、軍国主義のはざまで、軍部に利用された面もある。しかし、拒否反応を示す人で教育勅語の全文を読んだ人、その成り立ちを知っている人がどれほどいるだろうか。いま読み直してみても至極当たり前のことが書かれていることがわかる。それらは生きる上でとても大事な道徳であると思われる。

●道徳教育の再評価を

勅語といっても、もちろん明治天皇がつくったものではない。

これがつくられた背景には、明治維新以降の急激な変化による社会的・文化的混乱、自由民権運動の広がり、西洋文化崇拝の蔓延と古来の伝統・文化・美徳の無視などによる国民道徳の荒廃《こうはい》があった。「県内を巡回して見ると、教育界に異様な風潮。欧米人を高く見て、日本人は劣等《れっとう》な国民であるとし、わが国の歴史や習慣などを無視して欧米化すべきとの風潮。山間へき地において立派な瓦葺《かわらぶき》、ペンキ塗《ぬ》りの校舎を建築し、百姓《ひゃくしょう》や漁師の子どもを集めて、『米国大統領ワシントンが何年生まれか？』『フランスのナポレオンが何年に亡くなったか？』など、日常とかけ離《はな》れた教育が行われていた。これは文部省の政策に責任がある、いまのうちになんとかせねばならない」とする岩手県令石井省一郎《いしいしょういちろう》の問題意識が全国の県令の共感を呼び、これを危惧《きぐ》した地方長官会議（現在の知事会）での六年間にわたる協議の末に一八九〇年三月四日にできた「徳育涵養《かんよう》ノ義ニ付建議」が基礎になっているのである。この問題意識の根底にも岩手（岩手県令）が関係していることは興味深い。

　建議書は「普通教育の主要は、国民の特性を涵養し、普通の知識芸術を修めしむるにあり」と書き出し、当時の学校教育に対して「然《しか》るに現行の学制によれば、知育を主として、もっぱら芸術知識のみをすすむることを勉《つと》め、徳育の一点においては全く欠くる所あるが如《ごと》し」と批判している。

　もっといえば、明治天皇も一八八六年（明治十九年）に帝国大学に臨幸後、渡辺《わたなべ》洪基《ひろもと》総長に大学のあり方について「後継者養成は、理科医科など外国の学問だけでなく、和漢修身の学科を拡張する必要がある。大学では、国学、漢学の学者を固陋《ころう》だとして攻撃している。しかしそれは学問の罪ではなく、学者にその人を得ないからだ」と述べているのである。

これはまさしく現在の日本の教育現場で起きている理系知識重視の風潮と、文系学部排斥《はいせき》の動きを批判しているようにも読める。まさに歴史は繰り返すといえる。

この建議書が提出されたのは一八九〇年三月。これが閣議で取り上げられてから、八カ月の期間にまとめられたのが教育勅語である。

最終案には勅語の制定方針として、次のことが挙げられている。「政事の命令ではない。宗教的教訓にならない。哲学的言論とならない。政治家の勧告《かんこく》の意にならない。漢学者・洋学者気習に陥《おちい》らない。旺洋《おうよう》たる訓戒《くんかい》である。一宗一派に偏《かたよ》らない」。こうして徳目の普遍性を保つ努力がしっかりとなされたのだった。実際、諸国語に訳された教育勅語は高い評価を受けたようである。

新渡戸稲造が尊敬するド・ラヴレー教授が問うたように、世界では道徳教育は宗教教育で行われている。私がアリゾナ大学のバロー神経研究所に留学していた折にも、ときに「あの人は日曜の礼拝にも行かないので、信用できないから注意して」という話を近所の主婦の方に聞いた。それほど宗教は道徳教育と同義だったのだ。しかし、日本は、教育勅語によって世界で初めて宗教教育から道徳教育を離して位置づけたのである。

それができたのも、新渡戸がいうように日本には宗教に代わる武士道という立派な規範があったからかもしれない。

西ドイツ（当時）の初代連邦首相であるアデナウアーは、首相官邸の壁に教育勅語のドイツ語訳を掲げていたといわれる。若者の規律の乱れや暴力、ドラッグの蔓延などが大きな社会問題になったアメリカ・レーガン政権の時代、レーガン大統領は、教育勅語の一二の徳目に従ってつくられた日本の「修身」の教科書を参考に道徳教育の指針をつくった。これは品格教育と呼ばれ、レーガン政権の道徳教育担当だったＷ・ベネットが『道徳読本』という題名で一九九三年に出版すると、ベストセラーになった。

それほど優れた道徳教育が、なぜ戦後に疎《うと》んじられたのか。ＧＨＱ（連合国軍最高司令官総司令部）ですら手をつけなかった教育勅語を、日本人自らが葬《ほうむ》ったからである。一九四八年（昭和二十三年）六月十九日に、衆議院で「教育勅語等排除に関する決議」が、参議院で「教育勅語等の失効確認に関する決議」がなされた。

医療専門職の必須の要件は「人を思いやる心」である。医学教育では、知識・技術教育のみならず徳育が必須となる。岩手医科大学の学是にある「医療人たる前に、誠の人間たれ」は、まさしくそれを表したものといえる。医学教育はじめ教育全般には、バランスある徳育・知育・技術教育が必要なのである。

その意味でも、日本の武士道や教育勅語は、世界に誇るべき「ノーブレス　オブリージュ」（社会的地位の保持には責任が伴うこと）の基本といえると思う。私はぜひ再評価するべきだと思っている。

●至誠を貫き、智と徳の日本一の学校に

本学と台湾をつなぐ三人目の人物は、もちろん本学第二代目の校長である三田定則先生である。定則先生は、台湾の医学と教育の基礎をつくったといってもいい。

一八七六年（明治九年）に盛岡に生まれ、旧姓は関だった。現在の盛岡一高であ

る盛岡尋常中学時代から神童と呼ばれる秀才だったという。三田俊次郎先生が創設した「三田医学奨励会」の第一期の奨学生となり、東京帝国大学医科大学（現在の東京大学医学部）に入学する。

俊次郎先生がその才能を見込み、定則先生を養子に迎えたのは、大学卒業後の一九〇三年（明治三十六年）のことだった。

法医学・血液学が専門で、一九〇四年（明治三十七年）に東京帝大医科大学助教授となり、学究生活を歩むようになる。その後、ドイツ、フランスに留学し、帝大教授になってからは血清学教室を創設し、多くの学生を育ててきた。

東京帝大を定年で終え、名誉教授になっていた定則先生が台北帝国大学に新設する医学部に赴き、初代の医学部長になったのは、一九三六年（昭和十一年）のことである。翌年には台北帝大の総長に就任している。

台湾では、定則先生はいつも「日本一の医学部をつくろう」と意気込みを語っていた。本土から優秀な人材を呼び寄せる一方、自ら定則先生の志に惹《ひ》かれて集まってくる一流の医学者たちもいた。その一人に森鷗外の長男の森於菟《おと》がいる。

森は、東京帝大の助教授時代に定則先生に請《こ》われて台北帝大教授として赴任した。

専門は解剖学だった。森のフランクな人柄は台湾人の学生たちからも慕《した》われ、解剖学教室はとても人気だったという。父の鷗外が中心となって官学中心の医学教育を推し進め、その結果できた専門学校令で岩手医学校が廃校になったということを考えると、何か因縁めいており、歴史の面白さを感じる。

台湾にはマラリアをはじめとする伝染性の風土病があった。それらを根治するために、定則先生は熱帯医学研究所の設立に尽力した。その結果、台北帝大は、伝染病研究の拠点としても知られるようになった。

定則先生は、人を育てることに非常に熱心だった。色紙を頼まれると、いつも「誠」や「至誠」という言葉を書いた。学生たちに誠を尽くす誠実な人間になることを望み、自らも誠実に学生たちと接していた姿が想像できる。

至誠を貫く、先生の教育姿勢は変わらなかったのである。

一九四一年（昭和十六年）の暮れ。三田俊次郎先生が岩手医学専門学校の校長を引退することを決意したとき、定則先生が第二代校長を引き受けた。東京帝国大学名誉教授、台北帝国大学総長の経歴を持つ定則先生が、地方の専門学校の校長になるのはいかがなものか？　と言う人も少なくなかった。定則先生は奨学金を出し、

智と德の
日本一の學校に
盛岡辯で教育方針を語る
三田新岩手醫專校長
就任式
臨んだ
默々と
それが
若い時

三田定則先生が「智と徳の日本一の学校にしたい」と語った新聞記事

東京帝国大学で学ばせてくれ、養子として迎え入れ、ここまでしてくれた俊次郎先生への感謝の気持ちを表したのではないかと思う。

台北帝国大学総長を辞して、岩手医学専門学校の校長に就いたのは翌四二年（昭和十七年）のこと。四月十五日の校長就任式の後、定則先生は地元新聞の記者のインタビューに答えて、こういった。

「私はこの学校を智と徳の日本一の学校にしたい」

常々、先生は、

「誠なる哉《かな》、誠なる哉、誠なくして真の医はありえぬ」

といっていた。「智」も「徳」も誠実

であるからこそ涵養されていくということなのだろう。先生の縁で、岩手医学専門学校に入学した台湾人も多かった。私の同級生にも多くの台湾人がいる。いまも台湾関係者が訪ねてこられることもある。台湾大学の医学人文博物館には、「台北帝国大学医学部」と書かれた当時の大学の表札があり、その脇には三田定則先生の肖像写真が展示されている。

第5章　「先駆け」の歴史をつないで

●新制岩手医科大学の開学

戦争は、本学にも暗く大きな影を落とした。

太平洋戦争の末期になると、医学生の就学期間が短縮され、繰り上げ卒業をさせることになった。卒業生たちは促成《そくせい》の軍医として、軍隊に招集されていったのだ。わかっている範囲で、あの戦争で亡くなった卒業生は一五四名にのぼる。浅田次郎の作品『終わらざる夏』の主人公の一人は、軍医として戦争に召集された本学の先輩を描いたものである。

一九四五年（昭和二十年）の敗戦は、本学にとっても新しい時代への扉を開けた。それは四六年四月、戦後初となる岩手医学専門学校第一七期生の入学式に四人の女子学生の姿があったことでもわかる。新しい時代は、女性の時代の幕開けであり、本学が本格的に共学となった始まりでもあった。

その頃、敗戦国の日本を統治したGHQは、軍隊の武装解除をはじめ財閥解体、農地解放、教育改革など次々と日本の民主化のための政策を実施していった。その中に医学教育の改革もあった。

敗戦までの医師養成機関には、帝国大学医学部と医科大学、そして本学のような医学専門学校があった。そのどれかを卒業すると医師免許が与えられた。ＧＨＱは、医学専門学校を廃止し、医学校はすべて六年課程の新制大学として統一するという命令を出した。医学専門学校については施設の環境や状態、研究レベルなどを審査してＡＢのランクに分け、Ａランクは大学への昇格を認め、Ｂランクの場合は廃校にすることを決めた。

同時に、一年間のインターンを経て国家試験に合格したものに医師免許を与えるという新しい制度も導入した。このインターン制度が前述した青年医師連合運動をはじめとして全共闘・学生運動の基となるのである。

本学が、岩手医科大学の設立を文部省に申請したのは、敗戦の翌年、一九四六年（昭和二十一年）七月二十六日のことである。

盛岡市の内丸にあった校舎は五階建ての鉄筋コンクリートの建物があったとはいえ、ぼろぼろの校舎だった。こんな汚い校舎を見せれば、文部省もＧＨＱも大学昇格を許可しないだろうと、せめて教室の壁くらいはきれいにしようということになった。ところが、ペンキを買う金すらなかったのである。そこで、文部省の視学官やGHQの担当者が来ているときの数日だけでもきれいであればいいと、教職員や学生、卒業生も総出で、壁に水で溶いたメリケン粉を塗って白い壁にしたという逸話もある。

学内一丸となって新制大学認可に向けて取り組んだのだ。校長の三田定則先生は何度も上京し、岩手県のみならず広い面積を持つ北東北、北海道において本学が存続する意義の大きさを語り、「医師は医師である前に、まず誠の人間であらねばならない」という持論を述べ、本学では人間性を培う徳育にも力を入れることを力説したのである。

日本に血清学、血液学を導入し、「法医学の祖」ともいわれる先生に対する文部省の信頼は格別なものがあった。

本学の新制大学への昇格には教職員・学生・同窓生の熱い思い、東京帝国大学名誉教授・三田定則先生に対する文部省の信頼が大きかった。一九四七年（昭和二十二年）年六月十八日付で認可され、初代学長にはもちろん岩手医学専門学校の校長であった三田定則先生が就《つ》いた。

そして、七月二十一日には創立記念式典を行った。席上、定則先生は、

「岩手医科大学は医学を通じて人類に貢献できる人物を養成する。その意味で常に『誠』ということを忘れずに進んでほしい」

と訴えた。

翌月、昭和天皇が岩手県を訪れた。

小岩井農場にある三菱の創業家である岩崎家の別邸に泊まったとき、侍従《じじゅう》に、

「岩手には三田がいるはず。会いたいから呼ぶように」

といわれた。定則先生は、東京帝国大学教授時代に、法医学や血清学について昭和天皇にご進講をしていた。それを思い出されたのである。

昭和天皇は駆けつけた定則先生としばし歓談の時間をもった。話題が大学教育について及んだとき、定則先生は、こう話したという。

「これまで大学は学問を究めることを第一義に掲げ、人格の陶冶《とうや》は第二とされていました。それを改めなければいけません。ことに敗戦後は人心もすたれており、ぜひそうしなければなりません」

天皇はその通りだとつぶやかれたという。

定則先生の人間教育への並々ならぬ思いが感じられる。

それから三年後の一九五〇年（昭和二十五年）二月、定則先生は病に倒れ、その人生の幕を閉じた。享年七十四だった。

新制岩手医科大学設立から逝去までの日々は、まさに「誠」の教育のバトンを次につなぐための時間だったといえる。

●予算不足の中でも奮闘する私立医大

岩手医科大学は、創立者の三田俊次郎先生から第二代の定則先生とつながる「誠の人を育てる」という建学の志を学是として、いまに至るまで受け継いでいる。

その建学の志、建学の精神があることによって、本学は他にない独自のカラーを築いてこられたのであるし、それが官学との大きな違いになってきた。

その意味で、私は私学に大きな可能性を感じている。しかし、残念なことに、私学は官学に比べて経済的に苦しいのも事実である。これも官学との大きな違いといえよう。

私立の医大も、国から教育条件の維持向上及び在学生の修学上の経済的負担の軽減並びに経営の健全化等に寄与するため、として経常費補助金をもらっている。平均すると一大学あたり二〇億円弱くらいである。だが、それは国立大学の運営交付金に比べると雀《すずめ》の涙程度である。国立大学附属病院がもらっている病院運営費交付金に相当するものは私立大学には全くない。

一方で、大学病院は特定機能病院でもあり、高度医療を提供する病院であると規定されている。そのために、高度な機器を備える必要がある。

さらに消費税も大きな負担になってきている。八パーセントの段階で各私立医科大学が負担していた額を計算した報告がある。平成二十九年度のものであるが、合計で八七八億八〇〇〇万円で、一大学あたりにすると三〇億三〇〇〇万円になる。現在、国が一大学に対して交付している経常費補助金が二〇億円弱程度なので、給付されている補助金がすべて消費税に費《つい》やされているという実情がある。

いまは消費税が一〇パーセントになったわけで、まだ正確な計算はしていないのだが、補助金よりも消費税がはるかに多くなっていることは容易に想像がつく。そう考えると、国の方針は大学の経営を圧迫しているようなものだと思わざるを得ない。

　高度な大型診断・治療機器を備える必要のある大学病院は、他の一般病院などに比べてはるかに大きな消費税負担を強いられている。

　こうした状況は改善されてしかるべきである。しかし、そのような中で各私立医科大学は、その使命である高度な教育、診療、研究を提供し、良医を育てようと努力している。また、そうした努力や工夫の中で、その大学らしい知恵を出している。私は、これも「私学の力」だと思う。

　ついでにもう一つ、官学が私学と違う点は、官学は研究中心主義の傾向が強いということである。私自身、東北大学にいたので国立大学の気風というものをよく知っている。そもそも国立大学の病院には当時救命救急センターがなかった。東北大学も同様だ。

　私がいた頃、こんな事件があった。東北大学病院の正門の前で、自転車に乗っていた女子高生が交通事故に遭遇した。それを東北大学病院では救命救急センターがないということで、治療せずに救急病院に回したのである。

　こんなこともあった。脳外科病棟に入院していた患者が急変したので、ＣＴ検査と手術室の用意を依頼した。すると、「すぐにいわれても手術室を空ける余裕はありませんよ」といわれたのだ。そこで何をしたかというと、東北大学病院に救急車を呼んでその患者を市立の救急病院に運んだのである。その病院でＣＴ検査をやった後、私がそこで手術をして、「あとは頼むよ」といって帰ってきた。

つまり、文部科学省は、救急医療は地方自治体の問題だと考えていて、国が予算をとってやるべきことではないとしていたのだ。東北大学には救急医学講座という講座はあるのだが、当時、教授はおらず、助教授が一名、助手が二名、看護師二名という教室だった。大学病院には救急用のベッドすらなかった。大学として救急医療の教育はしなければならないので、教育に必要な最低限の人材だけを用意するというものだ。

いわば目の前の患者、目の前で苦しんでいる人よりも、研究を優先させる。そういう傾向が官学には強いのである。

それはいまもあまり変わっていない。厚生労働省のデータによれば、現在救命救急センターを設置している国立大学附属病院は四二校中二二施設。つまり五二パーセントに過ぎない。これに対して、私立医科大学は二九校すべての病院に救命救急センターがあり、分院を含めると三六カ所もの救命救急センターを運営していることがわかる。

このように、国立よりも私立医科大学のほうがはるかに国民の救急医療に貢献している。これは地域医療についてもいえることで、東日本大震災が起きた二〇一一年に日本私立医科大学協会で実施した地域医療に対する協力に関する調査で、協会に所属している二九大学が五〇八七病院に一万七三九九名の医師を派遣していることがわかった。つまり、私立医科大学は医師の派遣を通して過疎地を含む全国の地域医療体制の向上に貢献してきたのである。

本学でも、在籍する約五〇〇名の医師たちが一週間に一度は、岩手県をはじめ青森、秋田の北東北、北海道などのどこかの病院に出かけている。

こうした貢献を、私立医大は国立大学病院のような「大学病院運営交付金」に該当する国からの補助金もなく、人件費を含めて自らの経営努力で行っている。それこそが、それぞれの建学の志に裏打ちされた私学の矜持《きょうじ》だといえるだろう。

●日本初の角膜移植とアイバンク設立

そうした条件の中でも、私立医科大学はけっして研究を疎《おろそ》かにはしていない。本学の歩みを見ても、それはわかる。

新制岩手医科大学が発足してから、定則先生はよく自ら教室を回って教授たちや学生たちを指導した。研究や実験についても、細かい指示を出した。

「単なる人まねでなく、世界で独創的な研究でなければいけない」

「新しいことをどんどんやろう」

と、その先頭に立って新たな研究の取り組みを推し進めていた。

その姿勢が伝統となり、岩手医科大学には世界に先駆けた挑戦が数多くある。その一つが角膜《かくまく》移植である。

一九四九年（昭和二十四年）、日本初の角膜移植手術が岩手医科大学で行われた。眼科の今泉《いまいずみ》亀《き》撤《てつ》教授の手によるものである。

この移植の成功は、全国のメディアで紹介された。すると、遺体から角膜を摘出したことが死体損壊罪にあたるという指摘が出て、「盛岡事件」として新聞等に取り上げられ大きな波紋を呼ぶことになった。今泉教授は、盛岡地検に呼ばれ事情を聞かれることになった。自ら罰せられることを覚悟しながらも、教授は検察官に角膜移植の意義を説いた。

本学の創立者である三田俊次郎先生がトラコーマの一掃を決意して眼科医になったように、岩手県では古くからトラコーマなどの角膜疾患で失明する人が多かった。そうした失明者が角膜手術で再び光を取り戻せることは以前から知られていた。角膜移植は、そうした人たちの希望だった。

一カ月後、最高検察庁の見解が出た。

「法的に問題があるとしても社会性に富んだ正当な医療行為である」

結局、今泉教授は不起訴になった。そのことで角膜移植を肯定する世論が高まり、今泉教授の政府に対する働きかけが実り、約一〇年の歳月を経て、五八年（昭和三十三年）に「角膜移植法」が成立する。そして六五年（昭和四十年）には日本眼球銀行協会、現在の日本アイバンク協会が発足し、角膜移植が全国に普及していった。眼球銀行の設置も岩手医科大学が全国初である。その意味では、本学は脳死を含む移植医療の先駆けである。

●世界初の超低体温麻酔法の開発

心臓の手術に役立てようと、一九四〇年代からアメリカを中心に研究されてきた表面冷却超低体温麻酔というものがある。簡単にいえば体温を下げて心臓の動きを止めて脳を保護し、安全に手術をする方法である。

本学では、一九五〇年代から外科でこの開発に熱心に取り組んできた。大きな課題は、二〇度前後の超低体温の状態を、いかに安定して維持させられるかということであった。試行錯誤を繰り返し、それを可能にする方法を編み出した。この方法では、約一時間の心停止下の手術を可能にすることができた。

「岩手医大式表面冷却超低体温麻酔法」と名付けられたこの超低体温技術も、世界で初めてのことである。メリットは、無血静止視野が得られること、出血量が少ないこと、術後の呼吸管理が容易であること、費用が安いこと、人手が少なくて済むことなどが挙げられる。逆にデメリットは、手術時間に制限があること、脳障害発生の危惧があること、心臓の再蘇生に不安があることなどである。

やがて人工心肺機器の精度と安全性が向上したことによって、超低体温麻酔はいまではほとんど使われなくなった。本学では超低体温麻酔は一九五八年（昭和三十三年）から心臓手術において使用するようになり、一九九六年（平成八年）をもって手術時の使用をやめている。その間、この麻酔法で手術をした症例は、一五八一例にのぼる。本学は低体温麻酔の世界的先駆だったのである。

●脳卒中患者は動かしてはいけないのか

現在脳卒中や心臓病で倒れたときは、救急車やドクターヘリなどで患者を一秒でも速く病院に運ぶことが当たり前になっている。病院ではすぐに救命救急センターや集中治療室に運び、治療をすることが救命の基本だからである。

しかし、以前は絶対に動かしてはいけない、脳卒中の患者には安静が一番だといわれていた。この〝常識〟に、岩手医科大学は真っ向から反論したのである。

たとえば、山間部の小学校の先生が教壇に立っているときに、突然、脳卒中を起こして倒れたとすると、患者を動かせないため布団を持ってきて、雪の吹き込む教室の教壇の脇に敷き、そこに寝かせることになる。そうして医者がくるのを待つのだ。医者を待っている間に重篤《じゅうとく》化することも、命を落とすことも考えられる。

山間部が多く、無医村も多い岩手県の実情から考えて、倒れた場所で医者を待ってなどいられないということで、患者を大学病院に運ぶことにした。まだ一九六〇年代のことで、当時は救急車もなかった時代である。

現地から電話がかかってくると、トラックに布団を敷いてそこに患者を寝かせ、大学まで運んでもらった。トラックに乗せて運んでいる間も、患者の血圧や呼吸などバイタル（生命兆候）には変化がなかった。そのことを一九六四年（昭和三十九年）、学会で発表したのだ。

すると、東京大学の沖中重雄先生と大論争になった。沖中先生は脳卒中の大家であり、脳卒中は動かしてはいけないという主張をしていた。「なぜ、そんな危険なことをするのか」と譲らなかった。

この論争は二年ほど続き、結局は移送した患者の回復の臨床結果によって、本学の主張が認められる結果になった。

ドクターヘリが救急患者を運ぶのが当たり前になっている現在、どちらの主張が正しかったのかは明白である。

第六一・六二・六三代内閣総理大臣を務めた佐藤栄作が一九七五年（昭和五十年）東京築地の料亭で脳卒中に倒れた。主治医を務めたのは、前述した脳卒中の大家沖中重雄先生の愛弟子である。「脳卒中患者の移送」問題が決着した一〇年ほど後のことである。東京築地の近隣には複数の大学病院もある。事もあろうに、病院には運ばず、料亭に布団を敷き大学病院から医師団が往診して治療にあたった。日本の総理大臣経験者でノーベル平和賞受賞者である。世界中にニュースが駆け巡った。曰く「元総理大臣、ノーベル平和賞受賞者佐藤栄作氏が脳卒中で倒れ重症、驚くべきことに“Geisha House”で治療を受けている」。これによって日本の医学会は大恥をかいたのである。

●未熟児を救うためにＮＩＣＵを開設

新生児呼吸窮迫《きゅうはく》症候群（ＲＤＳ）という難病がある。二五〇〇グラム以下の未熟児の一〇〇人に一人が陥り、死亡率が極めて高い病気である。

　小児科の藤原哲郎《ふじわらてつろう》教授は、長年研究を続け、この病気の原因が「肺サーファクタント」（肺表面活性物質）の欠乏であることを突き止めた。そして、牛の肺から人工のサーファクタントをつくることに成功した。この物質を重症のＲＤＳの子どもの肺に注入すると、すぐに呼吸窮迫の症状が消え、灰色だった肌がみるみるピンクになり、血圧も上がったという。

　一九八〇年にアメリカのタイムズ誌（二月二十五日号）の医学欄で紹介されると、世界の注目を集めた。教授はさらに研究を続け、製薬会社の協力で新薬を開発した。それはＲＤＳの特効薬として各国でも使われるようになった。

　藤原教授の指導で、本学には全国に先駆けてＮＩＣＵ（新生児集中治療室）もつくることができた。全国初の施設で、現在でも全国的に最も大規模な施設である。このＮＩＣＵも、いまは全国の多くの小児科に開設されている。そこでは何百グラムという体重で生まれてくる超未熟児たちの命も救われているのだ。

　藤原教授は、一九九六年には、アラブのノーベル賞とも称される「キング・ファイサル国際賞（医学部門）」を日本人で初めて受賞した。そのとき、藤原教授は医学専門誌の取材に、なぜ自分が小児科医になったのかを、こう明かしている。
「小児科医になろうと思ったのは、治るものはすぐ治る、悪いものはみるみる悪くなる――そんなダイナミックでドラマチックな部分に惹かれたから。インターン時代、生まれたての赤ちゃんがＲＤＳで十分に呼吸できずに、手の施しようもなく死んでいく姿を見て、なんとか解決できないかという一心で研究にのめりこんだ」

藤原教授は、後進の研究に役立ててほしいと、キング・ファイサル国際賞の賞金一三〇〇万円を大学に寄付してくれた。

●世界の常識を覆したＭＲＩ研究

第二章で述べたように、本学では一九九七年からＭＲＩを使った臨床研究に力を注ぎ始めた。まだ１・５テスラＭＲＩが標準だった時代である。世界に一五台しかないといわれていた3テスラＭＲＩを国から研究費の補助をもらって導入し、ＭＲＩ研究センターをつくったのである。

テスラとは磁場の強さを表す単位で、数が大きくなるとそれだけ磁場が強くなる。

それだけ画像は詳細になるわけだが、当時、３テスラＭＲＩは「ブロードマンの脳地図」（脳機能の領野を色分けして示した図）を、現代的なＭＲＩ機能画像を使って再構築するための生理学的な研究機器であるというのが世界の常識だった。

しかし、私たちは３テスラＭＲＩを導入した当初から、患者を対象にした診療目的に使った。その結果、診断のみならず難しい手術を安全に行うための情報を得る、極めて有用な診断機器であることが明らかになった。

国から補助をもらっていた一〇年の間にチームで五〇〇本の論文を英語で書き、発表した。それが当時の常識であった、３テスラＭＲＩは生理学的な研究機器であるという考えを覆すことになった。

現在では、３テスラＭＲＩが臨床的に極めて有用な診断機器であることが証明され、日本のみならず世界中の大病院に不可欠な診断装置として広まっている。

いま本学のＭＲＩ研究センターでは、最新鋭の７テスラＭＲＩ装置が稼働《かどう》している。７テスラという磁場の強さは、そのＭＲＩが置いてある部屋に、たとえばボールペンを持って入るとそれが磁気に反応して弾丸と同じ勢いで飛んでいくくらいである。そのため、入り口には金属探知機を置いている。

７テスラＭＲＩを導入したのは、二〇一〇年度のことだった。世界で稼働している７テスラ装置の中でも、センターに導入した装置は次世代型コンピュータと最新の周辺機器を搭載《とうさい》した、世界第一号機である。

７テスラＭＲＩ装置では、より細密な解析による断層画面の撮影を可能とし、脳神経疾患や精神疾患をはじめ、人体の病態要因解明に大きな成果が期待できる。国立大学でも持っていない７テスラのＭＲＩを地方の私立医科大学が導入しているのは、非常に珍《めずら》しいケースだと思う。

経営的な負担も大きいが、７テスラＭＲＩ研究施設ができた結果、世界とのネットワークが生まれ、世界数十カ国との共同研究が可能になった。おそらく本学は、基礎研究ではなく、臨床研究用ＭＲＩという点では世界のトップランナーといえる。

現在、世界的に見ても超高磁場７テスラＭＲＩを用いた臨床応用はほぼ皆無《かいむ》に等しく、本学でこれまで培ってきた３テスラＭＲＩの基礎研究、臨床研究を基に、新たな研究基盤の確立と医療現場への貢献が世界的に期待されているのである。

思いつくままに、いわば本学の「はじめて物語」の一部を記してきたが、こうした成果をあげてくることができたのも、本学が、建学の精神、志を連綿《れんめん》と語り継いできた「私学」であったからこそではないかと思う。
まさにその伝統こそが「私学の力」なのではないだろうか。

第6章　3・11の教訓をさらなる原点に

●津波によって生死が分かれた災害

宮城県沖を震源とする巨大地震が日本列島を襲ったのは、二〇一一年三月十一日午後二時四十六分のことだった。それは、阪神《はんしん》・淡路《あわじ》大震災の約一〇〇〇倍に相当するといわれる、マグニチュード九・〇の激震だった。

三陸沿岸の地域を、最大数十メートルの津波が襲った。その黒い水は、無数の家屋と数多くの人びとの命や生活を一瞬にして奪ったのである。

発災前、私は朝から岩手県庁で会議があった。その会議を終え、大学に戻って寄り道し、脳外科の医局でお茶を飲んでいたときだった。突然、グラグラっという大きな揺れに襲われた。とにかく揺れが収まるのを待つ以外何もできなかった。

電気が一瞬消えたが、すぐに非常用電源に切り替わった。テレビをつけて速報を見ていると沿岸部は大きな津波がきて大変なことになっているのがわかった。

その日は金曜日だった。しかも午後だったので手術が集中し、二〇例もの手術が同時進行で行われていた。何度も余震があったが、それらの手術をできるだけ早く終わらせて患者たちを病棟に帰したことを覚えている。

病院長室に、すぐに災害対策本部を立ち上げた。そこに大学や病院の主要なメンバーが集まった。当時、大学病院のベッド数は一一四六床《しょう》で、約一〇〇〇人の患者が入院していた。事務方から最初にいわれたのが、

「このまま非常用発電機を回して重油を使っていたら、あと五時間でなくなります」

ということだった。

重油タンクに満杯の重油が入っていたわけではなく、ちょうど半分ほどの量しかないという。

「いつも重油を買っている三田商店に行って、頭を下げてタンクローリを回してもらって」

これが、3・11で私が出した最初の指示になった。これで重油の件は落着した。すると、今度は「明日の入院患者さんのご飯がありません」というのである。非常用電源では医療に直接関係しない電機器具までは電気を供給していない。そのため冷蔵庫が停止してしまったのだ。

「簡単だよ。ＪＡに行って頭を下げて、野菜でも何でも回してもらえばいい」

これで解決である。さらに、次は、

「新しいＭＲＩに非常用電源がつながっていませんでした。このままだと、液体ヘリウムがクエンチ（急速な蒸発）を起こして全部消失してしまいます」

「それは電気屋さんに来てもらって、非常用電源につなげてもらうしかない。すぐに連絡してくれ」

初めての激震という事態の中で、大学も、病院も、さまざまな想定外の出来事が起こり一つひとつ手探りで対応をしていた。

緊急事態の場合は救命救急センターからＤＭＡＴ（災害派遣医療チーム）が現地に駆けつけることになっている。ちょうど五時になったくらいだった。沿岸部に駆けつけていた本学のＤＭＡＴの部隊から、

「大変な災害です！　大学病院に数百人のけが人・病人が運び込まれると思われます」

という第一報が入った。

それで日勤帯の看護師数百人を確保し、各医局から医師を二名ずつ出してもらい

待機していた。ところが、病院に運ばれてくる患者は少なかった。

夕方、七時を越えた頃のことだった。事務のスタッフが私のところにきて、こう聞いた。

「先生、喉は渇きませんか？　お腹は空いていませんか？」

病院の職員が、私のことを心配するようになった。これでは自分がいるだけ邪魔になると思い、

「何か重大な事件が起こったら、連絡して、迎えに来て」

といって帰ることにした。

結局、その夜は、通常の三分の二ほどの患者しか来院しなかった。

移送手段がなかったということが理由の一つにあると思う。そして、もっと大きな理由は阪神・淡路大震災と違って、今回の地震は建物の倒壊というよりも大津波による被害だったので、けが人が少なかったということが挙げられる。ケガではなく、津波によって生死が分けられるという厳しい災害だったのである。

●いわて災害医療ネットワークセンターの立ち上げ

震災当日、県庁にも、知事を本部長とする災害対策本部がつくられた。

これは全国どこも同じなのだが、基本的に県の災害対策本部の中には「医療班」がない。困ったことに医療班がないと、私たちには被災地の正確な情報が伝わってこないのだ。薬や全国から被災地に派遣されてきているＤＭＡＴの動きも把握できない。

震災で最も困ったのは、情報がないということだった。被災地との連絡がつかないのだ。被災した沿岸部の電話や携帯電話の基地局が津波で水に浸《つ》かり、光電話や携帯電話は壊滅状態だった。衛星電話は少し使えたが一時間かけ続けて一回つながるかどうかだった。どこで何が足りなくて、どこの避難所はどういう状況におかれているのか……。そういう情報がまったく入ってこなかった。全国から送られてくる支援物資などもどこに何を運んでいいのかわからないので、岩手産業文化センター（通称アピオ）に山積みになっている状況だった。

結局、正確な情報を知るためには、自分たちの足で稼ぐしかなかった。

そこで翌日、本学の救命救急センターのベテランスタッフ四人で二名一組のチームを二班つくり、沿岸部の南部と北部に派遣した。

そのとき私がいったのは、

「君たちは一切医療行為をするな。ただ情報だけ持ってきてほしい。峠《とうげ》を越えれば連絡は一切つかない。自身の安全を第一に考え、くれぐれも危険を避け、安全に帰ってきてほしい」

と言って、いわば〝偵察チーム〟を出したのである。

沿岸部の被災地では各避難所での医療行為は、全国から派遣されてきてくれているＤＭＡＴやＪＭＡＴ（日本医師会の災害派遣医療チーム）など医療チームがやってくれていた。医療は彼らに任せて、とにかく正確な情報がほしかった。

連日、沿岸北部、沿岸南部の情報が入ってくるようになった。

震災当時、岩手県では五万五〇〇〇名が約四〇〇カ所の避難所に身を寄せていた。われわれの偵察チームが入ったことで、そうした避難所で赤ちゃんの粉ミルクが足りないということも初めてわかった。また、五〇〇名ほども避難している大きな避難所に医療チームが一チームしか入っておらず、一〇〇名ほどの避難所に三チームも入っていることや、いくつかの避難所で医療チームの縄張り争い的なことも起こっていることなどもわかってきた。現場は大変な混乱状態にあった。

そこで急遽《きゅうきょ》県知事にお願いし、大学に隣接する県庁四階に設置された県の対策本部の、国や自衛隊、警察、消防などのメンバーがいる一角に「医療班」を設置してもらい、「いわて災害医療ネットワークセンター」を立ち上げた。ここで沿岸部の医療支援をコントロールすることにしたのである。センターには本学の附属病院長や救命救急センターなどの医師たちと県の医師会や歯科医師会、看護協会、日本赤十字、警察、消防、自衛隊が参加した。

大変失礼かとも思ったのだが、現場の混乱を避けるためにセンターで全国からくる医療チームにライセンスを与えた。ライセンスがないと岩手県内で医療行為ができないようにしたわけである。

ライセンスを発効する条件として、寝泊まりや食事は自分たちで確保すること、医薬品を持ってくること、できれば医師と看護師と事務方と薬剤師、可能なら精神科の医師も入れてほしいということなどを定めた。ライセンスを持っているチームには、薬剤の備蓄場所を教え、持参した薬剤が不足したときは、備蓄場所から自由に必要な薬剤を持って行けるようにした。また、南の地方からくるチームに関しては冬タイヤできてもらうこともお願いした。被災の翌日もそうだったが、冷たい雪が降り、積雪していた。東北の三月はまだまだ寒く、海に通じる峠の路面は凍結するのである。

さらに、センターに常駐しているスタッフが、偵察チームからくる情報を基に、朝夕会議を開き、どこの避難所にどこの医療チームを何日まで入れる、という行程表をつくり、その行程表に従って医療チームをコントロールした。すなわち、Aという避難所には一週間は沖縄のチームに入ってもらい、次いで北海道のチームが引き継ぎ、次には富山のチームに入ってもらうなどである。

これで全県でどういうチームがどこで、いつまで活動しているのかということが完全に把握できることになった。

本学では、約三〇〇〇名の教職員が働き、約二〇〇〇〇名の学生が学んでいる。当時学長だった私としては約五〇〇〇名の教職員・学生の安否確認が済むまで、大学を離れられないという事情があった。すべての教職員・学生の安否確認には一週間ほどを要した。家族・親族の犠牲者が散見されたものの、本人には犠牲者は出なかった。不幸中の幸いであった。

発災後一週間目に初めて被災地を訪れ、病院・避難所等を視察した。大学本部のある盛岡から陸前高田まで一一〇キロの行程である。

海のある陸前高田までまだ一〇キロもある山の中を移動中のことである。山間の道の右側を気仙川《けせんがわ》が流れている。突然多量の流木が目に入った。陸前高田市の住宅が倒壊して津波に運ばれ、山間のこの地にまで流れてきたものと思われた。次いで目に飛び込んできたのは、川べりの住宅が完全に倒壊している様子である。信じられない光景である。こんな山間地まで津波が襲うなど誰も思わない。住人は無事だったろうか?

陸前高田市に入るとさらに信じられない光景を目の当たりにした。市役所、県立高田病院などの鉄筋コンクリートの建物以外は姿を消している。そして、道路は寸断され、目的地になかなか着かない。道に沿って流れているどぶ川にはパトカーが沈んでいる。しかし、町のコミュニティーセンターに開設された避難所の臨時診療所は、全壊した県立高田病院の職員によって運営され士気はすこぶる高い。

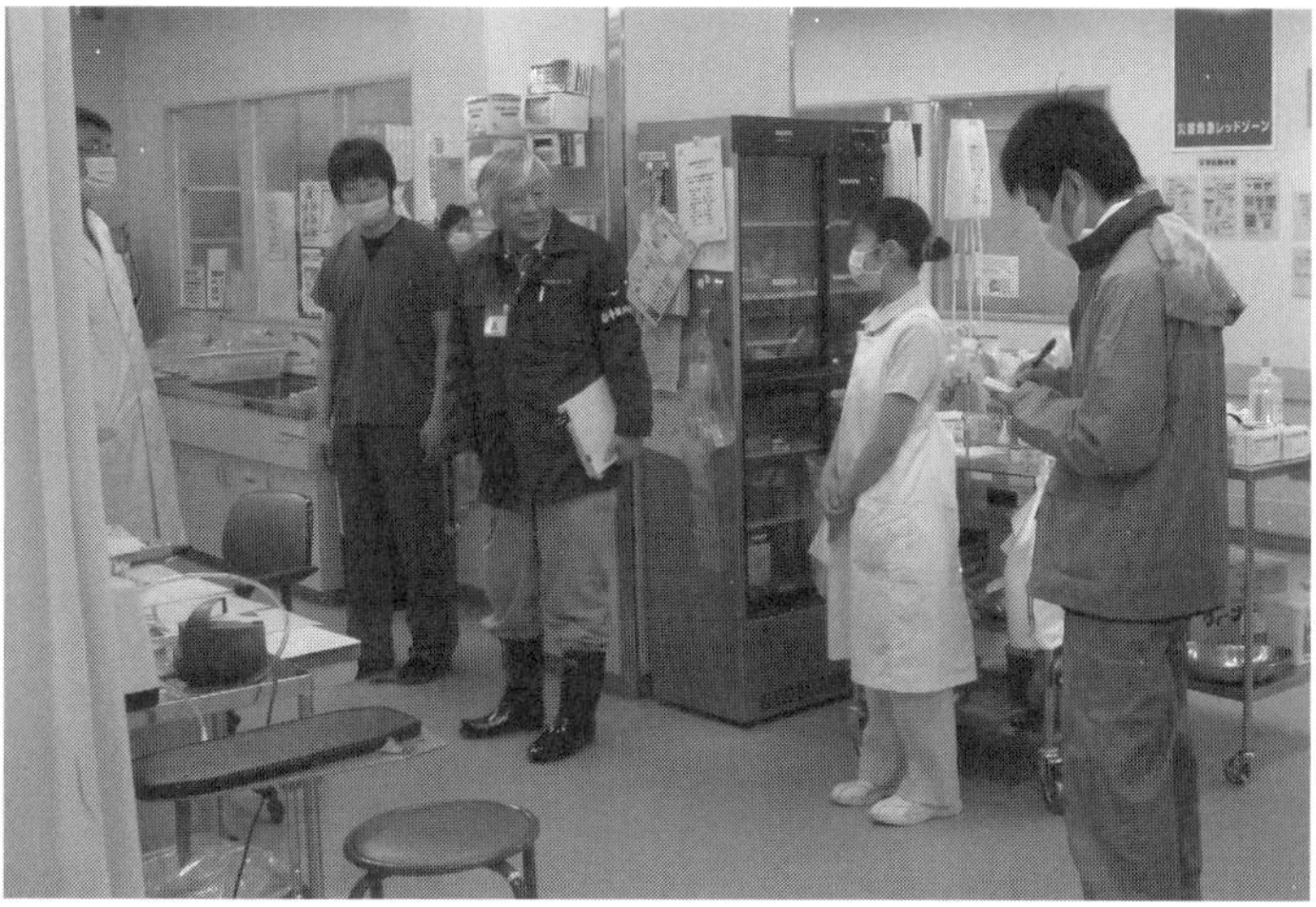

被災地で活動する著者（中央）

県立釜石《かまいし》病院で素晴らしいアイデアを聞いた。ガソリンも底をつきかけている。停電は続き、非常用電源でしのいでいる。固定電話も携帯電話もＬＡＮもつながらない。病院関係者全員の携帯をガソリンの消費の少ない軽自動車に積み込んで、遠野市との間の峠まで運ぶ。すると、内陸からの電波が入り、みんなの携帯電話にメールが着信・発信するのだ。「あなた生きていたの？」のメールが返ってくる。それを持ち帰ってみんなに配る。そういう現場の工夫もあったのである。

そうした中で、私が医療班のスタッフに出していた指示は、

「自分たちのいのちは自分たちで守れ。

危なければ逃げろ」

ということだった。震災発生一週間は、そこまで厳しい状況だった。県庁のある盛岡市から沿岸部まで行く中継基地もつくった。県庁のある盛岡市から沿岸部まではどこに行くにも一〇〇キロは優に超えるくらい遠い。沿岸部までのどこかに中継点がどうしても必要だった。

そこで私は、盛岡市と沿岸部の宮古市の中間にあって、被害が軽微だった遠野市の市長にお願いした。電話をかけると、すぐに「わかりました。三〇分お待ちください」と広い場所を用意してくれた。この場所はバックアップ基地として、非常に役に立った。

こうして約三カ月であったが、沿岸部の医療支援を続けてきた。

全国からは六〇〇〇チームのオファーがあった。だが、実際にはその半分ほどしか入ってもらえなかった。それ以上入ると混乱が起きると判断したからである。

もう一つ岩手医科大学としてやったことは、大学の中に「災害時地域医療支援室」というものをつくったことである。広く情報を発信して、長期間にわたって被災地の基幹病院を支援できる医師を公募したのだ。日本医師会、全国医学部長病院

基幹災害拠点病院支援のために設置された「災害時地域医療支援室」

長会議、日本病院協会などからの支援もあり、一〇名ほどの医師たちを、長期派遣でそれぞれの病院に派遣することができた。

●全国に発信した「学長メッセージ」

この震災の特徴は、死者と比較してけが人が少なかったことである。

岩手県では、死者・行方不明者が八〇〇〇人を超えたにもかかわらず、負傷者は二〇〇人弱だった。

政府は、この震災を「東日本大震災」と名付けたが、現場から見るとこれは間違いだと思っている。亡くなられた方の九割は溺死《できし》で、生死を分けたのは地震の揺れではなく、その後の大津波だったわけであるから、津波の言葉が入っていないのはおかしい。「東日本大震災・津波災害」とでも名付けるべきだと思った。現場を見ないで災害対策をしていた証拠である。

私は、できるかぎり被災地である沿岸部の基幹中核病院や避難所を訪問して、その実態を見てきた。そして、大学のホームページに「学長メッセージ」という、震災の報告を発信してきた。震災直後の沿岸部の被災地の状況を、より詳しく伝えるためにその一部を再録したいと思う。

震災から一週間が過ぎた頃に出した「第二報」である。

東北地方太平洋沖地震に関する第一報のメッセージを先日ＨＰ上に公表いたしました。

しかし、事態は時々刻々変わってきております。基幹災害拠点病院として県と連携し、全県のセンターとして活動している岩手医科大学から、近況をお伝えします。

前回、救命救急医療から、避難所における慢性疾患治療、健康管理による二次災害予防に移っている事を指摘しました。一方、支援物資は到着しているにもかかわらず、避難所への搬送が遅れており、孤立している避難所では一つのおにぎりを四人で分け合っている程切迫した状況で、各避難所への食料供給にも問題が山積です。

本学は複数の「避難所診療チーム」を、被災地に近く被害が少なかった遠野市（福祉の里）に「避難所診療の基地」を置き、宮古市以南の、壊滅的打撃を受けた地域に送っています。八〇〇～九〇〇名の大きな避難所では二〇〇名を超える患者さんが殺到している状況です。現在、本県では約五万人の被災者が三七五カ所の避難所に避難しています。（県対策本部調べ十六日現在）しかし、詳細不明の避難所、被災者がその他多く存在している状況です。

また、気仙地方の基幹中核病院である「県立大船渡病院」では、圏域の陸前高田、大船渡の町はほぼ全壊し、市内の診療所機能は停止、医療供給は高台にあり被害が少なかった県立大船渡病院のみに頼っています。しかし病院職員は帰る家もなく、病院での寝泊まりを余儀《よぎ》なくされています。食料も枯渇《こかつ》し最低限のもので維持せざるを得ない状況です。疲労も極限に差し掛かっています。食糧など緊急支援物資は倉庫までは届いています。医薬品、医療材料も不足していますが、緊急に必要な物品は一にも二にも「ガソリン」です。「避難所への医療チーム」の移動にも、「沿岸病院医療体制維持のための医師」派遣にも、病院機能維持のための職員移動にもガソリンが必要です。避難所、沿岸被災地の基幹病院への食糧、医薬品、医療材料輸送もガソリン不足によりままならない状態です。

このような状況を勘案《かんあん》し、被災後早期から「ガソリン」等エネルギー供給について関係省庁を通じて強く要望してきました。海江田《かいえだ》経済産業大臣は石油備蓄の放出を十四日夕方の臨時会見で明言しました。その後三日も経過したにもかかわらず、被災地のエネルギー供給は改善しておりません。何故このような理不尽な状態が発生するのか全く理解できません。

もう一点極めて重要なことは、避難所や各病院との連絡が取れないことです。情報不足のため、必要な物品、人員が適切に配備出来ないことが復興を大きく妨《さまた》げています。早急《さっきゅう》に電話等通信の回復を強く望みます。

> 現在の被災地の状況は「戦場」です。数時間の遅れは、避難所の被災者の命にかかわる大問題です。事実最悪の事態も起こっております。「平時」ではありません。現場の悲鳴に耳を傾けず、ただ時間だけを経過させるのであれば、国民の命は守れません。
>
> 　このような中で、私から、必要物資の確保を県知事に対し強く申し入れました。その結果、知事から三月十七日、国の災害対策本部宛て必要物資の早急な提供を要望したところであり、国の速《すみ》やかなる対応を強く期待しております。政府には、更なる迅速《じんそく》な対応を切にお願い申し上げます。

　震災から一週間は、このような状況だった。このメッセージにも書いたように、被災地での二次災害予防のために、私たちの医療支援も慢性疾患治療、健康管理、衛生管理に変えていった。

　津波の被害があった地域では、口腔衛生《こうくうえいせい》の悪化が懸念《けねん》された。口腔衛生の悪化は誤嚥《ごえん》などにより肺炎を引き起こし「震災関連死」にもつながりかねない。そのため、本学の医学部・歯学部、医療班では、県歯科医師会とも連携して歯科医療チームを組み、被災地に出向いた。歯科治療や義歯の修理・新製、口腔ケアなどを行ったのである。

避難所では、狭いところで同じ体勢を続けることで起こる「深部静脈《じょうみゃく》血栓《けっせん》」、いわゆるエコノミークラス症候群も心配された。そのため本学の採血検査・静脈血栓症チームが避難所で検査も行った。

その結果、深部静脈血栓は陸前高田市では八二一人、大槌町・釜石市では八〇七人に発症が認められた。

●なぜ国の対応はかくも遅いのか

この震災を通して指摘しなければいけない問題は、国の対応の遅さである。先に紹介した私の「学長メッセージ」でも触れたように、震災当日からガソリンや重油が不足し、岩手医科大学病院に備蓄していた医薬品も被災地に送り、日に日に少なくなっていった。

そこで十四日に文部科学省や厚生労働省、総務省など関係省庁の係官と電話して、

避難所での診療

「ガソリンが足りないし、重油も軽油もない。大学に備蓄していた医療品も底をつきそうだ。このままでは災害拠点病院である大学病院でも医療機能がダウンする可能性がある」

と訴えたのだ。すると、「わかりました。頑張ってやります」という言葉をもらった。

同じ十四日の夕方には、海江田万里《ばんり》経済産業相（当時）が記者会見をして、

「備蓄されているガソリンを一二六万キロリットル放出する」

と明言したのである。

ところが、十六日朝に突然、各省の担当者から電話があってこういうのだった。

「岩手県知事から国の災害対策本部に文書で上げてほしい」

つまり、首相官邸に必要な支援物資のリストを文書で上げろ、ということである。このとき、首相官邸に国の災害対策本部が立ち上がっていたのである。首相からどんなこともすべて官邸を通せという指示が出たのだろうと思う。

阪神・淡路大震災のとき、当時の村山富市首相が偉かったのは、それぞれ専門の部門に判断を任せたことだった。だが、このときの菅直人《かんなおと》総理はすべて自分が把握していたかったのだろう。

そういわれた瞬間、

「ふざけるな！　こっちは戦争をしているんだ！　弾が飛び交っているときに書類を上げろとはなんだっ」

と、私は電話口で思わず怒鳴ってしまった。

だが、次々に伝えられる沿岸部の被災地の状況を思うと、ここで短気を起こすわけにはいかないと、全県分の必要な物資、つまりエネルギーから医薬品、粉ミルクなど厚さ数センチにもなったリストをつくって、それを県知事から首相官邸の災害対策本部に出してもらった。

だが、結局、国から医療支援物資が届いたのは物流が正常化しつつあり、薬も薬品卸業者から入ってくるようになった三月二十六日だった。大震災、津波の発生から二週間以上過ぎていた。ちなみに、発災後初めての医薬品の支援物資は日本医師会、日本製薬工業会からのもので、自衛隊、米軍の共同作戦によりＣ１３０輸送機で三月十九日夜に花巻空港に着いた約三トンである。医師会、大学、県の関係者で夜を徹《てっ》して仕分けして次の日には被災地各地の薬品集積所に送ったのである。

ガソリンについても、海江田大臣が「放出する」といったにもかかわらず、タンクローリ車が動かない、タンク貨車がないなどの理由で、結局、盛岡の石油備蓄基地まで届いたのが一週間後、さらに被災地に届いたのは一〇日以上もあとだった。

福島の原発事故での放射線放出の問題にしても、非常にまずかったのは、国が正確な情報をスピード感をもって出さなかったことである。このため、私たち国民は疑心暗鬼《ぎしんあんき》になってしまったように思う。瓦礫《がれき》の処理が進まないのも国に対する信頼がないからなのではないだろうか。国が発表する数値が信用されないためとしか思えない。

●なりわいの再生

三陸は幾たびも津波に襲われている。リアス式海岸の山の中腹にある祠には「波分け神社」なる名前がついている。昔、津波はこの高さまで来たのであろう。

ある老漁師に聞いた話である。ひい爺さん、爺さん、父親から子、子から孫に伝えられている言葉がある。

「津波が来たら船を出せ！」

三陸のコバルトブルーのきれいな海が、津波の時なぜ「真っ黒な」海水として押し寄せるのか。それは長年湾の底にたまっていた「へどろ」をかき回して押し寄せるからである。その結果、海の底はきれいになる。すると、湾の底にまで太陽の光が届くようになる。十分に太陽の光を吸い込んだ昆布、わかめは成長する。昆布、わかめを主食とする、このときのウニ、アワビは成長が早い。魚もつられて豊漁となる。これが「津波が来たら船を出せ！」といわれるゆえんである。

三陸の漁師は、海に出たがっていた。しかし、船は流されてしまった。国、行政がすべきことは、仮設でよいから小さな造船所を造り、全国から集めた壊れた小型漁船を修理し使えるようにする。応急処置でよいから護岸を修理し使えるようにする。仮設でよいから水産加工場を造り商品として出荷できるようにすることだろう。

　復興とは「なりわいの再生」なのである。三カ月経っても、半年、一年経っても「なりわいの再生」が進まない。子どもを持つ若い漁師は内陸に逃げていく。あれから一〇年が経った。子どもも成長し、内陸で友人もできた。この家族が三陸に戻ることはない。

　これも、現場の本当のニーズを吸い上げようとせず、現場から遠い東京の机上で、現実からずれた政策を進めてきた政府に、その責任はあると思う。

●復興は現場に任せてほしい

　災害支援、災害復興に求められるのはなによりスピード感である。

阪神・淡路大震災のときは、震災に対する復興基本法が一カ月強で策定された。

この東日本大震災では、復興基本法が公布されたのが六月二十四日だった。策定に三カ月半もかかっているのである。さらに菅首相が「一・五次補正予算を編成する」といってしまったために、基本法はできたものの財源がつかなかった。

ようやく財源が出てきたのは、十二月の第三次補正予算が国会を通過したあとのことだった。震災から、九カ月も経っていた。

前にも触れたが、関東大震災のときには帝都復興院が地震発生後二六日目にできた。その総裁に後藤新平が就任し、わずか数カ月で方針を決めている。

今回も復興庁を置くという話が出たとき、私は復興庁は現地に置いてほしいと要望した。だが、結局は東京に置かれることになってしまった。しかも、設置されたのは震災の翌年の二月である。一年近くも経っていた。

このスピードの遅さには、もはや言葉もないほどである。

さらに、この復興庁は、実施権限がなく、各省庁の調整権限しかないのである。つまり、いままで私たちは厚生労働省や文部科学省、官邸などに陳情《ちんじょう》していたわけだが、それらへの陳情をこれまでと同じように続けながら、復興庁にも行かなければならなくなったということだ。陳情先が一つ増えただけなのである。

こうしたことを見ていると、近代国家である日本がなぜ迅速な対応をすることができないのかという憤りを隠せない。国は予算を捻出するだけでいい。復興は現場に任せてほしいといいたくもなる。大正の時代にあれだけ速やかに進んだ復興計画が、平成の時代に進まなかったのはなぜなのか不思議でならない。

●仮設住宅に引きこもる被災者たち

ようやく被災地に仮設住宅が本格的にでき始めたのは、震災から半年ほど経ってからのことだった。多くの被災者が避難所を出て仮設住宅に移るようになった。すると東京に出張に行ったときなど、「被災地の状況は随分改善したでしょう」などといわれることが増えた。ところが、これはむしろ逆で、被災者が仮設住宅に住むことで問題はさらに複雑化した。

多くの仮設住宅の道は砂利道《じゃりみち》である。どうしても、お年寄りには歩きにくい。それで住宅の中に引きこもる。それを加速させた要因として、阪神・淡路大震災でもいわれたことだが、抽選《ちゅうせん》で仮設住宅に入ることでかつてのコミュニティー、人間関係が崩壊してしまったことがある。

避難所のほうがいいというわけではないが、同じ境遇の人たちが大部屋で暮らしていれば話もできる。少なくとも孤立はしない。だが、仮設住宅では一度引きこもってしまうと見えない存在になってしまう。保健師たちも被災しているので、人数が少ない。役所の機能も低下しているから、どうしても一人ひとりをケアすることが難しくなるという問題がある。

心的なストレスは体にも現れる。実際に、仮設住宅に入っている人たちの血圧は高くなったまま下がってこない。阪神・淡路大震災のときは、二～三週間で血圧は元に戻っているのに、この震災では六カ月、八カ月経っても下がらない。

また、仮設の診療所ができて、どうにか診療を再開したのに、意外にも患者が受診しないということもあった。仮設住宅の部屋に引きこもっていて、心のケアも慢性疾患の治療にも現れなくなっているわけである。

季節が夏に変わっていくと、被災地に新しい問題が発生した。ハエや蚊《か》の大量発生である。加えて瓦礫やヘドロが未処理のまま放置されているという状況もあった。するとその放置されたヘドロの中にいるバクテリアが気温や湿度の上昇とともに増殖し、それが原因で呼吸器疾患が増えたりもした。なかなか外に出る機会もなく運動不足になると、確実にＡＤＬ（日常生活動作）も落ちてくる。

被災者の健康を考える意味でも、新たな仕事をつくり、雇用を促進していくことが必要である。さらに、心のケアの問題も重要で、放っておけば自殺、孤独《こどく》死が増えると考えられる。これらの問題解決には相当な時間が必要なのである。

そのためにもコミュニティーづくりが大切になる。仮設住宅には元のコミュニティーを保ったまま入るということが望ましいといえる。

●医療の原点に返って地域医療の再生を

本学がリーダーシップを取って、関係機関との連携の下で全県の医療をコントロールするために立ち上げた「いわて災害医療ネットワークセンター」は、効率的な災害医療体制モデルとして日本のみならず世界からも注目を浴びた。

結局は、災害時には軍隊用語でいうところの「兵站《へいたん》」、つまりロジスティックを一本化してさまざまな物資や人を無駄なく動かすシステムを構築することがいかに大切かということを証明した。言い換えると、災害支援は、本部機能をどう効率化させていくかにかかっているといえる。

二〇一六年四月十四日に起こった熊本地震のときも、本学のチームは支援に入ったのだが、現場の支援ではなく県庁の災害対策本部に行き本部機能をアドバイスしてきた。

アメリカから米軍の顧問団がきたときに、ある高官から、こんな質問を受けた。

「これだけ大きな災害が起きたのに、なぜ日本では感染症が蔓延しないんですか？」

私は、「それには明確な答えがあります」と、その理由を話した。

「一つには、日本人の清潔感があります。風習として私たちは靴を脱いで家に上がります。そして、水が自由に使えるところなら手洗いも励行《れいこう》しているのです」

そう答えているときに、ふと自衛隊がやってくれたことを思い出し、「自衛隊の力も大きいですよ」と口にしていた。

彼らは水洗トイレが使えなくなった避難所に仮設トイレを設置してくれた。なにより自衛隊によって助かったのは風呂だった。大きな避難所に男風呂と女風呂をつくってくれた。被災者たちは、体を洗い、ゆっくり温かい湯船につかり、ひととき避難所生活の疲れをとることができた。

そんな話をしながら、「やっぱり日本人が清潔で、きれい好きだということが、感染症を防いだ大きな原因だったと思う」と結論づけた。

そして、自衛隊の力は大きかったのだと改めて思った。

道がなくなっていても、ちゃんと道をつくり直して進む力を持っている。水も供給してくれれば、温かいご飯の炊き出しもしてくれた。自衛隊は、そんな自己完結型の実力がある組織なのである。災害のときには大きな力になることを実感したものだった。

この震災を通して思ったことは、「現場」のニーズに応じた活動が鉄則の災害医療は、究極の総合医療であり、地域医療だということである。「現場」の要望に素早く対応して、一人でも多くの人を救い、症状を軽減させる。さらには二次災害を極力抑えるためにも、普段から総合的に一人ひとりの疾病《しっぺい》予防や治療に取り組む全人的医療を目指していきたいと思っている。

そうしたことも含め、大震災を経験した医療機関として、本学では災害時の地域医療支援のモデルづくりのために次のことを提言した。

①基幹病院の整備と「病診」、「病福」（後述）連携の推進

②遠隔医療システムの整備

③災害時地域医療支援教育センターの設置

④エネルギー自己完結型の災害病院の構築

さらに、大震災の経験から得られた課題を検証し、今後に起こり得る大規模災害の医療支援のあり方を考えるために、独立した講座としては日本初となる「災害医学講座」を、二〇一一年九月に開設した。

この講座では、震災時の活動を検証し、今後起こり得る大規模災害に対し、医療支援のあり方を提言するとともに、災害医療の担い手となる医療人の育成を目指している。現在正講座として認められ、近年頻発する全国の自然災害の被災地でも、この知見は活かされている。

また、文部科学省から「大学改革推進等補助金」（大学等における地域振興のためのセンター的機能整備事業）の活用が認められ、十二月には、先の提言にもある「災害時地域医療支援教育センター」を設置した。

センターの四階には、阪神・淡路大震災のときのような、建物が倒壊した町並み

を再現している部屋があり、暗闇《くらやみ》の中で大震災のシミュレーションが行えるようになっている。災害医学講座では、そうした多種多様なシミュレーション設備を活用して、災害時の医療支援に携わる教育や学内外の災害医療従事者向けの全国的研修会を開催している。

　この災害時地域医療支援教育センターの目的は、災害対応の問題点と情報の収集・検証、行政・大学・医療機関との有効な連携システムの研究・構築、災害時対応医療人の育成、医療情報の管理というようなことになる。

　日本にはもう一つ災害時地域医療支援教育センターと同じような施設がある。東京・立川市にある国立病院機構災害医療センターである。このセンターは、どちらかといえば災害現場に行くＤＭＡＴの医師や看護師たちのトレーニングを中心にしている。本学の災害時地域医療支援教育センターはそうではなく、本部機能を高めるためのロジスティック本部スタッフのトレーニングを行っているところに特徴がある。

　私は、この大きな災害を通して、人の心が一つになったのではないかと思っている。

診療所が流されたある開業医は、「臨時診療所をつくってでも治療を続ける」といっていた。カルテは流されても、患者たちの病状や家族構成などは頭に入っているという医師もたくさんいた。「おじいちゃん、おばあちゃんを捨てて、自分だけ他所には行けない」と被災地で踏ん張っている若い医師や看護師たちもいた。

震災当時、被災地や避難所に行くと、どこでもそういう医療人たちと出会うことができた。そんな彼や彼女の姿に接して、この震災を一つのきっかけに、最低限の資源を用いて最大限の効果を出す医療を行う方向にシフトすることはできるという手応えを感じたものだった。

あの震災が遺《のこ》したものは、医療の原点に返って、地域医療を再生していかなければならないという決意だったように思う。

第7章　患者にやさしい医療を目指して

●陸と空の〝いのちの道〟

二〇一九年九月、待望の矢巾・新病院がスタートを切った。

この新病院は、岩手医科大学附属病院本院として高度入院治療機能を持つ、一〇〇〇床の特定機能病院である。新病院の開設と同時に、盛岡市の中心地にある内丸地区の本学の旧キャンパス、旧附属病院を活用して「内丸メディカルセンター」も設置した。

矢巾の新病院が治療・手術・入院を中心とした「高機能治療病院」である一方、盛岡駅に近い「内丸メディカルセンター」は外来を中心とした「高機能外来病院」という位置づけだ。この二つの病院を機能別に一つの病院として連動させているのである。

つまり、内丸で新たな患者を受け入れ、検査した後、矢巾で入院・治療を行うという流れをつくったのである。

矢巾・新病院の起工式は、本学の創立一二〇周年にあたる二〇一七年三月に行われた。

　そのとき私は、新病院の使命と地域医療の中核病院となる決意を込めて、

「日本一、世界一の病院を目指す」

と、力強く宣言した。

　医学系大学の使命は、大きく三つある。教育と研究と診療である。さらに本学のような地方に位置する医科大学には、もう一つ重要なミッションが加わるのである。それが地域医療だ。すなわち、教育・研究・診療に地域医療を加えた四本柱が、本学の果たすべき役割なのである。

　あの大災害を経験しただけに、地域医療の重要性は他大学以上に感じている。とりわけ本学は、岩手県ばかりではなく、北東北三県の地域医療を担う中核病院である。

　その地域医療を守り抜く。それを具現化するためにも世界に負けない研究を行う。この両輪こそ本学が目指すべき道だと考えている。その中心にあるのは患者であり、地域住民なのである。そのためにも、矢巾の新病院は患者本位の病院に徹している。

　新病院の開院を一年半後に控えた二〇一八年三月。東北自動車道の矢巾パーキン

グにＥＴＣスマートインターが完成した。これによって高速道路を降りると、新病院まで約五分で着けることになった。

災害支援でもスピードが最も求められたが、救命救急も同じである。病院に一分、一秒でも速く着くことが救命の確率を大きく変える。その意味で、私は、矢巾スマートインターから病院までの道を「いのちの道」と名付けている。

もう一つ、患者を迅速に運ぶ矢巾の新病院までの「いのちの道」がある。それは、ドクターヘリによる「空の道」である。

本学の創立一二〇周年記念行事の一貫として進められてきた矢巾町への大学キャンパスと附属病院の総合移転計画の中でも、最も早く実現させたのがドクターヘリのヘリポートだった。

当時は現在大学病院がある北側Ｃ敷地の五万五〇〇〇坪はすべて田んぼで、現在の病院の青写真も決まっていない頃である。将来の病院をイメージし、高度救命救急センターができるであろう場所を考えながら、ヘリ基地の場所の選定に苦労したことを覚えている。いまとなっては最善の場所に立地している。当時はまさに「ポツンと一軒家」だったのである。

岩手医科大学のドクターヘリ基地ヘリポートは現在、救命救急センターに30秒の立地。医師・看護師・操縦士・整備士・運航管理士が常駐

ヘリポートの開港は、大震災の翌年二〇一二年のことである。三月末にヘリポートと格納庫が完成し、五月からドクターヘリが本格運航を開始した。

ドクターヘリの運航は、大震災の教訓の一つだといえる。

あの震災を経て、私たちはもう一度、地域の基幹病院を整備し直すべきだと考えた。それは旧に復するということではなく、岩手全県の医療体制を白紙に戻して考えるべきだと、私は主張したのである。一〇年後、二〇年後の岩手の姿を描きながら、理想の形の地域医療体制を考えようということだ。

その中核になる病院は、もちろん本

学の附属病院が担うことになる。ちょうど矢巾町に移転する計画もあって、新病院の構想には新しい岩手過疎地域医療のモデルを構築する一翼《いちよく》を担うという条件も入れた。そのとき重要な患者の緊急搬送の武器になるのが、ドクターヘリの就航なのだった。

●岩手全県を三〇分で結ぶドクターヘリ

岩手県は、南北二〇〇キロ、東西一〇〇キロ、北海道に次いで広い面積を持つ自治体である。県の面積は、四国四県にほぼ匹敵《ひってき》する。

たとえば県庁のある盛岡市街から沿岸部の山田町や大槌町、あるいは野田村、田野畑村などに行こうとすれば車で片道三時間は優にかかる。もともと日本一の「医師不足県」といわれている岩手県で、大学病院に勤務する数少ない医師が往復六時間の移動時間をかけて診察に行くのである。もっとその移動時間を有効に使うことはできないのだろうか。

実は、岩手県の過疎地域医療の特殊性は、医師の移動に膨大な時間がかかるということにある。さらに、そのわりには患者数が多いわけではないのだ。

それをカバーする手段として、まず考えられるのは、その地域の基幹病院とそれぞれの診療所、介護福祉施設、そして大学病院という四者間を、電子カルテによる医療情報の共有化を含む遠隔医療システムで結ぶことである。いわゆる「病病」（病気と病院）「病診」（病院と診療所）「病福」（病院と介護福祉施設）連携のシステム化である。

もう一つが、リモートのオンライン会議システムを利用した遠隔診療システムの導入である。リモートを使えば、盛岡にいながら沿岸部の患者の顔を見て診療ができる。この場合、留意すべき点は再び3・11級の激震災害が起きてもダウンしない通信環境を構築することである。

それらに加えて、緊急の患者輸送に力を発揮するドクターヘリの就航である。

本学のドクターヘリは出動要請を受けてから、医師、看護師、操縦士、整備士の四人が乗り込み五分以内に空に飛びたつことができる。矢巾町は岩手県のほぼ中央に位置し、県内ならどんな地域にも三〇分以内に行くことが可能なのである。

しかもヘリポートは病院の屋上ではなく、地上につくっている。病院の屋上にあったほうが処置室や手術室にすぐに行けるのではないかと思われがちなのだが、とくに地震災害が起きた場合、最初に止まるのが病院のエレベーターである。非常用電源が入っても安全性の点検が終わるまでエレベーターは動かない。私たちはこのことを大震災の経験で学んだ。

本学ではドクターヘリがヘリポートに着くと、患者をストレッチャーのまま三〇秒ほどで救命救急センターに運び込めるようになっている。

新病院ができるまでの約七年間は、ここから発進したドクターヘリが患者を乗せ、内丸にあった以前の大学病院に移送する発進基地方式をとっていた。内丸の病院は老朽化が進んでおり、建物の耐震性の問題で屋上にヘリポートをつくるわけにいかなかった。そこで斜め向かいにあった東警察署の屋上のヘリポートにドクターヘリを降ろしていた。その屋上から地上まで行き、患者を救急車に乗せて病院に運んでいたのである。

この方法ではヘリコプターが降りてから病院に患者が着くまでに一五分くらいかかっていた。冬は冬で、また難しい問題があった。冬になると、東警察署の屋上には降りることができなくなるのだ。ヘリコプターが着陸するときの振動で建物から下がっている氷柱《つらら》が地面に落ちるためである。下に人がいると大事故になりかねない。冬は、少し離れた県営野球場の駐車場の一角を雪かきして使っていた。

こういう事情を考えても、ヘリポートは地上につくるべきである。とくに雪国ではなおさらそうすべきだといえる。

いま本学のドクターヘリは、青森県、秋田県と連携して相互乗り入れをしている。北東北全域をカバーできる体制ができているのである。

●災害時に備えた発電所の併設

大震災を経験したことで、矢巾町につくる新病院は名前だけでなく本当の意味の災害拠点病院にしなければいけない、と決めていた。そのために、発電所を併設した。

３・11で、ライフラインが停止すると病院機能が停止するということがよくわかった。これは、岩手医科大学だけではなく、全国の病院でも同じ経験をしたようである。

電気はある意味で病院の命綱《いのちづな》ともいえる。

たとえば、震災の後、東京で計画停電が行われた。そのとき大学病院のあるエリアはできるかぎり外すように計画されたようなのだが、それでも停電のエリアに入った病院は少なからずあった。それらの病院では、計画停電に伴って電源が止まったり、通じたりを繰り返すことになった。

そうした状況の中で、ＣＴやＭＲＩのコンピュータが立ち上がらなくなったという事態が多くの病院で起きた。

そこで、全国医学部長病院長会議で東京の大学病院と東北地方の大学病院を精査した。すると、電力が三パーセントから五パーセント以上低下すると、高度医療は維持できないということがわかった。ＣＴやＭＲＩというような機器は、非常用電源では正常に動かないのである。電源が切り替わるときの一瞬の電圧や電流の変化が機器に悪影響を及ぼし、コンピュータが故障して高度診断治療機器が使えなくなるのである。

本学の新病院に発電所をつくったのは、そういうことがわかったからだった。その発電能力は八〇〇〇キロワットである。非常用電源ではないガスタービンで動く発電機が三台、重油で動くものが三台の合計六台の発電機が据え付けられている。

万一、外部電力が遮断され、ガスも重油の供給もなくなったとしても、一〇〇〇床のベッドがある新病院のすべての電気を一〇日間はまかなえるようになっている。エレベーターを半分止めたり、自動ドアを手動にしたり、節電に努めればもっと長く病院を通常の機能のまま維持することができる。おそらく病院全体の電力を発電できる施設を持つ病院は世界初であろう。

3・11のときは、花巻空港を経由して他県の病院に患者を輸送したことがあった。今後はそんなお願いごとをしなくて済むだろうし、東海、東南海などで予想されている大災害時のバックアップ災害拠点病院として機能し、今度は私たちがその恩に報《むく》いたいと考えている。

●患者の歩く距離が短い病院に

新しい病院をつくろうというのは、大堀勉前理事長の時代からの構想である。私たちが目指したのは、患者本位の医療を提供できる、いわば「患者にやさしい病院」だった。

そのモデルを探して、私たちは日本国内はもとよりアメリカ、ヨーロッパの主だった病院を見て回った。

最初、私は矢巾町の土地は一一万坪もあるわけだから、低層で広々とした病院をつくるべきだと考えていた。そうすることで患者たちが広い空間でゆったりと治療に専念できるのではないかと思っていたのだった。ところが、いろいろな病院を見て回るうちに、それが間違いだということに気が付いた。

それはスウェーデンのストックホルムにあるカロリンスカ医科大学の病院を見学したときのことである。

この病院は建築中ではあったが非常に大きな病院で広かった。私でさえ、とても端まで歩けないなと思うほど広かったのである。今後もますます進む日本の高齢社会のことを考えても、病院が広すぎることは高齢者に負担をかけることになるに違いないと思った。

高齢者は合併症があるので、いろいろな診療科を受診する必要がある。そのため大学病院にくると、一人の患者が一つの科だけではなくいくつかの診療科を回ることになる。心臓を診てもらって、呼吸器も診てもらい、最後に耳鼻科にも寄って帰るというような人が多いのだ。

それに、現在の治療は非常に高度になっていて検査機器も超音波、ＣＴ、ＭＲＩとさまざま揃っている。一日にいくつもの検査室に行かなければならないということもある。

そういうことを考えると、広大なスペースにさまざまな診療科や検査室をゆったりとレイアウトしている病院では、患者が歩くだけで疲れてしまうということも起こり得る。

私は、新病院は、患者が歩く距離を少しでも減らせるような設計にしようと考えたのである。

このカロリンスカ医科大学もそうだったのだが、何カ所も病院を回って「ここの病院はいいな。ここを真似てみよう」と思えるところはなかった。逆に、「こういうことはやっちゃいかんな」と思うことが多かったのである。いわば見学した病院が反面教師のようになったわけだが、それはそれで大きな収穫だった。

日本の大学病院でいえば、国立大学の場合、あくまでも研究中心主義で患者中心の病院、すなわち患者にやさしい病院にはなっていないことがよくわかった。

大学病院では医師はそれぞれの医局にいるわけだが、多くの国立大学病院の場合、患者が入院している病棟とは別に臨床研究棟という建物をつくり、その建物に医局を配置することが一般的になっている。医局の隣には動物実験室や研究室がつくられている。研究中心主義なので、何かあればすぐに実験室や研究室に行けるようにしてあるのだ。つまり患者の傍《そば》にすぐ行けるようにはつくられていないのである。たとえば病棟の一〇階に入院している患者が急変したという電話を受けたとしても、その医師は、研究棟のエレベーターで何階か降りて、中央廊下を走り、病棟に着いて今度は病棟のエレベーターで一〇階まで行かないと患者の病室には行けないわけである。

急変した患者のところに行くまで、いったい何分の時間を要するのか。その間に手遅れになったらどうするのか。そういう視点で病院の構造を考えたことがあるのだろうか。

新病院は、こういう構造の建物にだけはしたくない、と心から思った。

●医師は患者の傍に

私は「医師は患者の傍に」という考えを自戒《じかい》の句としている。看護師たちが患者の傍にいるのはごく普通の光景だが、医師がそうかといえば、必ずしもそうとはいいきれない。やはり、医師も常に患者の傍にいるべきだと、私は思っている。

国立大学の附属病院のあり方は、いま見てきたように研究中心であるし、医師中心で、けっして患者の立場には立っていない。むしろ研究室や実験室などは医局から離れていて然るべきなのだ。研究のための実験の時間は、研究者が決められるのであり、いつ研究をするのかは研究者自身が計画できるのだ。患者の急変は突然に訪れ、計画できないものである。実験の結果が心配なら医師が実験室まで歩いて行けばいいのだし、研究で何か閃《ひらめ》きがあったのなら小走りで研究室まで行けばいいのである。

医師は、研究室などではなく、患者の傍にいるべきなのである。私は、そう思っている。

新病院は患者の待合スペースを囲むように診療科や検査室が並ぶ設計にした。診療科から各検査室までの動線もできるかぎり短くし、効率的な、アクセスのよい配置にしてある。

医師にとっての都合ではなく、あくまで患者中心の立場から、効率よくいろいろな診療科を受診でき、効率よくさまざまな検査も受けられるように工夫を重ねた。そうすることで診察や検査の待ち時間も短縮できた。

だからなのか、「こんなに大きな病院なのに、こんなに短い距離で次の検査にいけるのか」「診療を待つ時間が短いので、この病院はいい」などという患者の声を聞くことが多い。待合スペースにいる時間が短いということもあってか、「知り合いに会うことも少なく、病院にきたことを知られなくていい」という話を聞いたこともある。

個人の病気に関することは、極めて高度な個人情報である。患者の中には自分が病院にきたことを知られたくない人もいる。患者にやさしい病院というからには、そうした個人のプライバシーについても繊細な配慮が必要になる。新病院では患者が病院内を歩く距離を短くしようと苦心したことが、結果的にプライバシーの面も守ることになったといえるのかもしれない。

もちろん急な病変があったときに、担当の医師がすぐに駆けつけられるように、医局も入院患者の病室があるフロアに配置した。

手前味噌《てまえみそ》かもしれないが、私は密かに、矢巾の新病院は、患者中心の病院の一つの理想的な形であると考えている。

●子どもたちの心のケアを

いま私が心配しているのは、３・11の震災から一〇年が過ぎているのに、心を病む方が増えているということである。

大きな災害や事故に遭遇した場合、ＰＴＳＤ（心的外傷ストレス障害）はすぐに現れる人もいれば、ある程度時間を経てから出る人もいて、中には数年後に発症した例もあると聞いてはいたが、そのことを実感している。

しかも深刻なのは、大人だけではなく、子どもたちにも増えていることである。

震災後、本学ではすぐに「こころのケアセンター」を立ち上げた。いまはそのセンターも矢巾の新病院に移したのだが、「いわてこどもケアセンター」も併設している。

そうした心を病む子どもの中には、震災当時はまだ母親の胎内《たいない》にいて、震災後に生まれたという子どもたちもいる。

岩手県では産婦人科の医師も不足していて、もう一五年くらい前から、拠点を本学の産婦人科教室に置く、全県の産婦人科医をつないだネットワークをつくっていた。

正式名称は、宮沢賢治が自ら描いた理想郷イーハトーブにあやかって、「岩手県周産期医療情報ネットワーク〝いーはとーぶ〟」である。私たちは、「いーはとーぶネットワーク」と呼び親しんでいた。

実は、3・11のときに、このいーはとーぶネットワークが大きな役割を果たした。津波の被害にあった県内の沿岸部に住んでいた妊婦の方たちは、みんな『母子手帳』も流されてしまっていた。だが、本学の産婦人科のサーバーにある、いーはとーぶネットワークの情報の中に、それらのデータがすべて入っていた。

そのデータを産婦人科医たちが取り出し、一人ひとりの母親に渡し、内陸部の病院で出産できるようにした。このネットワークがあったことで、みんな元気な赤ちゃんを産むことができたのである。

ところが、大震災から一〇年を経て、その子どもたちが精神的に少し不安定になってきているというのである。そのことに最初に気づいたのは、地域の保健師たちだった。

震災当時、母親が大きなストレスを受けたことで、ステロイドが体内に放出され、それがお腹の子どもに影響を与えたのではないかと考えられているようだ。母親と胎児は、まさに一体なのだろう。震災時に母親が感じた恐怖や悲しみ、絶望感などは、母親の鼓動や体内分泌物などによって、お腹の子どもも共有していたのだといえるのかもしれない。

いわてこどもケアセンターでは、子どもたちの心のケアと同時進行で、胎内で震災を経験した子どもに、なぜこうしたＰＴＳＤによく似た症状が出るのかも解明しようとしている。

その意味では、あの震災は終わっていない。

第8章　コロナ禍を超えて

●コロナを抑えてきた岩手の県民性

新型コロナウイルスの世界的なパンデミックが起こった二〇二〇年。岩手県では七月二十九日に初めての感染者を出したものの、それまではずっと感染者ゼロを保ってきていた。全都道府県の中でも、初の感染者が出たのが一番遅かった。

このことはマスコミなどでも取り上げられ、どうしてゼロの状況が維持できているのか、多くの人びとに関心を持ってもらったようである。

私の元にも全国から「岩手はなぜ感染者がゼロなんですか」という問い合わせが数多く寄せられた。

理由はいくつもあると考えられるが、一つは岩手県の地勢学的な特徴が挙げられると思っている。岩手県は北海道に次ぐ県土の広さである。それでいて人口は約一二三万人で、人口密度は全国二位（一位は北海道）の低さなのだ。すなわちソーシャルディスタンスが自然ととれている、ということが考えられる。

もちろん、そうはいっても盛岡などの都市部ではどうしても密にならざるを得ない。そこで大きな要素になるのが、岩手県民の非常に真面目な県民性だろうと思われる。行政から「夜の街には行かないでください」、あるいは「県外に出ないでください」という要請が出ると、真面目に守る。マスクや手洗いなども確実に励行する。この点に関しては岩手の県民性のもう一つの特徴である粘り強さも発揮されているのではないかと考えられる。

さらに、東北の中心都市である仙台に行くのも、また秋田や青森、山形に行くのも遠く、もともとあまり県外に出るという習慣がなかったことも挙げられるだろう。海外旅行ということを考えても岩手県はパスポートの発行率が毎年ワースト３に入るくらい、外国にもあまり行かないのだ。このことも幸いしたのかもしれない。

本学の病院も、新型コロナウイルスの感染が騒がれ始めた初期から、入り口は一カ所だけにして、そこで来院者の体温測定をし、病状をチェックしてから病院に入れるようにしてきた。また、入院している患者で手術が必要な人に関しては、大学の経費でＰＣＲ検査をして陰性であることがわかってから手術をするようにしている。

なぜそこまでするのかといえば、東京などの大都会と違って大学病院のあり方が違うからだ。県唯一の特定機能病院である大学病院の機能に問題が生じると、県内のここでしかできない高度医療が全部ストップしてしまうのだ。岩手医科大学病院でコロナが蔓延すると、全県の医療崩壊につながるわけで、だからこそ慎重の上にも慎重を期しているのである。

本学にいる五〇〇人近くの医師たちは、全員がずっと大学にいるというわけではない。すでに書いたように、岩手県内をはじめ青森、秋田の北東北三県のどこかに毎週一度は行っている。

北東北のどの地域も本学からの診療応援を期待している中、本学で感染者が出れば、医師を出せなくなり、それらの地域医療も止まってしまう。大学病院がコロナで汚染されると、岩手県北東部の医療がすべて止まるのだ。そのためにも、ここで感染者を出すわけにはいかない。みんなそういう覚悟で緊張感を持ってコロナと向き合っているのである。

私が嬉しかったのは、岩手県医師会や県内の病院の関係者たちが、

「岩手医科大学病院だけは、是が非にもコロナ感染を阻止しましょう」

「大学病院には基本的にコロナの患者さんを入院させない」

などといってくださっていることである。地域の高度医療の中核病院として、みなさんが本学の存在意義を認めてくれ、守ってくださっているのである。

しかしながら、人工呼吸器のＥＣＭＯ（エクモ）を使わなければいけないような重篤な患者は本学でしか治療できないため、受け入れている現状がある。

●行政との連携を密にして

初めての感染者を出してからは、岩手県内でも時に跳ね上がるように段階的に感染者数が増えていき、第三波と騒がれた二〇二一年二月には五〇〇人を超えた。数だけ見れば首都圏や関西・中部圏など大都市圏とは比べ物にならないものだが、やはり長く感染者が出なかっただけに大きな衝撃であったことは間違いない。なぜそれだけの感染者を出したかといえば、岩手でも飲食店のクラスターと病院でのクラスターが起こったからである。クラスターの怖さを改めて感じた。

クラスターが起こった病院は寝たきりの高齢者の患者たちを扱っていたため、重症者が増え、死亡者も出たのだった。

そうした重症の患者は、県の医師会や岩手県内の病院の院長たちと話し合っていた通り、岩手医科大学病院で受け入れた。あらかじめシミュレーションをしていたルート、つまりどのエレベーターを使い、どの廊下を使って病室まで搬入していくのかというルートに従って慎重に迎え入れたので、他の入院患者に感染を広げるような問題は起きなかった。

このクラスターの患者たちも含め、岩手県の場合、感染者の感染経路がほぼ一〇〇パーセント把握されている。どこで感染したかはっきりしないという感染者が極めて少なく、そういう意味では感染制御が上手く働いているように感じている。

なぜそれができているのかといえば、一つは行政との連携が密に取れていることが挙げられると思う。

コロナの感染が全国的に拡大する最中、岩手ではまだ感染者はゼロだったときに、岩手医科大学から災害医学講座の教員を複数名、県庁に常駐するようにした。やはり行政は医療の実態を知らないわけで、副知事を介して知事に、

「岩手医大は県のお手伝いをする準備ができています」

と、申し出たのだった。そこで県庁に机を三つほど用意していただいた。そこに

災害医学講座の教員たちが常駐して、何か事があるごとに適切な助言や指示を出している。これも３・11の経験があったからこそ迅速に手を打てたのである。

もう一つは、やはり真面目な県民性が挙げられると思う。その真面目さ故に、誰と、どこで接触したのかということを隠さずに追跡できるといえる。

行政と大学病院、その他の病院と医師会と民間という組織が上手く機能し合っているのが岩手県の特徴である。本書でも述べてきたように、岩手県は全国の自治体の中でも最も医師不足、看護師不足が厳しい県である。そのために、少ない医療資源を活用しなければ岩手県の医療は成り立たないし、そういう危機意識を日頃から持っている。そのため、必然的に横の連携を取らざるを得ず、それが行政も含めた医療関係者の協力体制がすぐにとれる背景にあるように思う。

●コロナ感染拡大で学んだこと

この新型コロナウイルスの感染拡大で学んだことは多い。

まず挙げられるのは、医者に限らず看護師たちの負担の大きさである。自分自身いつ感染するかわからない中での看護だけに、とくに精神的な負担は大きいように思う。

岩手医科大学病院では、二週間コロナの感染者を看《み》れば、次の二週間は自宅待機をするという形の勤務体制をとった。

先にも触れたように絶対的な看護師不足の状況の中で、この体制を維持していくのは並大抵のことではなかったのだが、これによって看護師たちの精神的な負担もだいぶ軽減されている。その意味では、成功しているように思う。

二〇二〇年の暮れ、北海道の旭川市で大規模なクラスターが相次いだとき、本学の感染制御部の看護師長が県の要請で旭川に入った。そのとき学んだことは、ＰＣＲ検査での陰性が、実は非常に危険であるということだった。

ＰＣＲ検査で陰性だったということで、ウイルスに感染していないと思い込んでしまった医療従事者たちが、普段通りの業務に就いていたことが旭川での院内感染拡大の一つの原因だったのである。

ＰＣＲ検査で陰性という結果が出ても、実は感染していることがあるわけで、たとえばそのような看護師がみんなと一緒に詰め所で昼食を食べる、あるいは医者が「自分は感染していないから大丈夫だ」と患者を診るなどといった形で、感染が拡大していったというわけである。

ＰＣＲ検査で検出される陽性率の精度は七〇パーセントほどで、残りの三〇パーセントは陽性でありながらも陰性として出てしまう可能性があるのだ。

そういうことを考えると、ＰＣＲ検査の結果を絶対視して、陰性だから大丈夫と判断するのは非常に危険である。それよりは陽性者との接触履歴を正しく認識して、行動を抑制することのほうがはるかに重要だといえる。

たとえ陰性という結果が出ても安心するのではなく、マスク、手洗い、会食を控えるなど感染拡大防止のための基本を守っていくことが大事なのである。

すでに触れたように岩手県では、新型コロナウイルスの発生以降、感染者ゼロの期間が非常に長かったこともあり、こうした他の地域での経験を感染抑制のために活かすことができたことはよかったと考えている。

今後、日本でもワクチンの接種が進んでいくわけだが、その意味で先行して接種が行われているアメリカ、ヨーロッパなどの国々の経緯を注視することは大事だと思う。もちろんワクチンの効果には大きな期待ができるのだが、心配なこととしては、やはりどの国でも製薬化までの時間をかなり無理なスピードで行ったという事実がある。つまり大きな副反応が出てくる可能性が少なくないといえるのだ。

　こうしたことを行政に助言することも、われわれ医療従事者の大きな務めである。そのためにも先行している国々の経験に学ぶことはもとより、日頃から行政との密な連携を心掛けることが大切になる。新型コロナウイルスの感染拡大は、改めて行政と医療界との連携の大切さも教えてくれたのである。

　当初、ワクチンの集団接種にしても厚生労働省は非常に安易に考えていたようだった。おそらく、いくつかの自治体で予行演習を行ったとき、その大変さを初めて認識したのではないかと思われる。

　たとえば広い体育館で集団接種を行うとき、そこに救急医一人と、看護師一人、そして救急薬品などが必要なわけだが、それを誰が、どこで用意するのか。こういうことも決まっていないのである。

　同じく接種後のアナフィラキシーショックについても、それが起きたときに救急対応をどうするのかというようなことも含めて、どんな準備が必要なのかといったことも、行政任せにはできない。それらは医療界のほうから助言をしないと行政ではわからないことなのである。

●ＰＣＲ検査の体制の確立を

今後起こるだろう感染症対策として医療界の気づきは何かということを考えると、やはり検査体制を確立しておくということである。

明治以降を見ても、スペイン風邪、ホンコン風邪、近年はＳＡＲＳ《サーズ》やＭＥＲＳ《マーズ》などさまざまな感染症の蔓延があった。感染症は人類にとって大変な脅威だということを考えれば、平時から検査体制を準備しておくことが極めて大事だと思う。

加えて医学教育の中にしっかり感染教育、感染制御のための教育も入れていく必要があるだろう。

実はＰＣＲの検査機器は、どの大学も一〇〇台規模で持っている。岩手医科大学にもあるし、岩手大学や県立大学も入れれば岩手県内だけでも数百台のＰＣＲ検査機器があるのだ。これは他の自治体でも同じである。

それなのに、誠に情けないことに加藤勝信《かとうかつのぶ》厚生労働大臣（当時）は、当初「日本では一日に四〇〇〇件ぐらいしか検査できない」などという認識不足の発言をしたということもあった。厚生労働省は、それほど文部科学省の管轄である医療系の大学の実態を知らないということである。こんなところにも縦割り行政の悪弊《あくへい》が出ているといえるだろう。

大学にあるそれらのＰＣＲ検査機器は、主にがんの研究に使われているが、もちろんコロナウイルスの検出もできる。それを大学でやるためにはバイオハザードに関する研修が必要になるのだが、検査機器の台数自体はふんだんに持っているわけで、日本の全人口の検査をすることは可能なのである。

そういうことを考えても、日本は自国が持っている医療も含めた科学技術の力を、一〇〇パーセント発揮させていない現状があるといわざるを得ない。

加えていえば、日本ではこれまで行政改革の一貫で全国の保健所の数を減らしてきた。日本全体として保健体制そのものがだんだん弱くなってきていたところに、新型コロナウイルスのパンデミックが起きたのである。

医療従事者の育成に関わる一人としては、今後の課題として、保健所で公衆衛生に努める行政官を志す医師も育てていかなければならないと痛感している。

最近では、大都会のみならず、人口の少ない地方でもクラスターが発生し、日本全国どこでも感染の危険が拡大している状況にある。日本のみならず世界でも波が打ち寄せるように、感染拡大のうねりが押し寄せ、今なお収束の目途は立っていない。過去の人類の歴史も常に感染症との闘いの歴史であった。科学技術が進歩した現代においても、その状況は大きく変わっていない。新型コロナウイルス感染症が収束した後も、いつ新たな未知の感染症が蔓延するかわからない。不測の事態が起こった時に速やかな対応が出来るよう、技術立国日本の責任として体制を整備しておく必要を痛感する。

後述する如く、高度な技術と能力を持つ日本が、製薬、医療機器開発の分野では、その技術力を十分に発揮出来ていない現状もある。

●日本製の新薬や医療機器が少ない理由

保健所の実態もそうだが、いま日本の医学界は、さまざまな課題を抱えている。

その一つに薬をつくり出す創薬体制の問題がある。

新型コロナウイルスの感染拡大で、治療薬やワクチンの開発についても話題になっていたが、日本でもおそらく今後開発されるとしても、いつのことになるやらという状況である。

新しい薬をつくり出す力があるのは、日本とアメリカ、それにヨーロッパのごく一部の国だけなのだが、問題は、日本では国の制約が多く、極めて臨床研究がしにくい現状だ。

そのため日本で開発された化合物がアメリカやヨーロッパに渡って、向こうで臨床研究が行われて創薬されるという状況がある。結果として私たちは、その薬を海外から輸入し、高い金額で買わなければならないということが起こっているのである。

これは薬だけではなく、医療機器にもいえる。心臓のペースメーカー一つとってみても、小型コンピュータと電池技術なので本来は日本のお家芸である。にもかかわらず、日本製の心臓ペースメーカーは一台もない。従ってアメリカから高い製品を買わなければならないのだ。

なぜかといえば、安全性の問題や想定外の事態が起こったときに責任がとれないということで、国が認可に及び腰だからである。

カテーテルも同じで、日本でつくられている高分子化合物を原料に、アメリカやヨーロッパでつくられた完成品を高い値段で買うことになっている。

「ダヴィンチ」という手術支援ロボットがある。この機械の基本的な技術はすべて日本のものである。他にもゴーグルをつけて三次元で見る装置や、小さな鉗子《かんし》を体内に入れて遠隔操作するというような技術も、すべて日本の技術がもとになっているのである。

こうしたものは、挙げるときりがないくらいにある。

日本の技術や材料を使って製品にするのは海外メーカーで、日本はその高い製品を買わされているのである。

なぜそうなっているのか。それを調べると「ＭＯＳＳ協議」（市場重視型個別協議）というものに突き当たる。

これは、国際的な競争力があっても日本の市場に参入できないアメリカの製品について、個別の分野ごとに市場開放策や貿易障害要因を話し合うものである。

このＭＯＳＳ協議によって、医薬品や薬に関してはアメリカの製品を一方的に買わされていることがわかった。簡単にいえば、政治の力関係でアメリカのいいなりになっているということである。

ワクチン開発問題はさらに複雑だ。一九七〇年（昭和四十五年）、天然痘ワクチンの副反応で集団訴訟事件が起こった。その後、ワクチン健康被害賠償訴訟が繰り返されるようになった。国の敗訴が相次ぐ中で、行政も大手製薬メーカーも「ワクチンで何かがあったら訴えられる」と考え、ワクチン政策に消極的になっていった。

その時期、米国でもワクチンの副反応が社会問題となっていた。米国では一九八八年、「ワクチン健康被害補償制度」（ＶＩＣＰ）を確立し、国やメーカー、医療関係者の責任を追及しない代わりに副反応被害者に十分な補償を約束した。現在でも、州によって多少違うが留学時のビザ取得には、必ず複数の予防ワクチン接種が義務づけられている。

日本でも一九九四年「予防接種法改正」が行われ副反応被害に対する給付額の改善措置が講じられた。しかし、この制度に対する国民の信頼は十分得られているとはいえず、日本は未だワクチン行政に後ろ向きだ。「ワクチン接種をしなければ、副反応は出ない。国やメーカーが訴えられることもなくなる」。一方、「副反応被害の発生数よりもずっと多くの人が、ワクチンで回避可能な感染症に罹っている」という事実がある。

米欧の政府の多くは、常に全国民分の多くの種類のワクチンを確保している。何事にも責任回避に終始する日本の行政の姿勢が、今日の日本製新型コロナウイルスワクチンがないという問題を引き起こしたといえる。技術大国日本が、本来の日本を取り戻し、日本だからこそできる、高い有効性を持ち副反応の少ない高性能のワクチンを、世界に供給する日が一日でも早く来ることを願っている。私は、このような技術先進国日本の持つ高度なイノベーションを発揮できない状況を打破し、医療機器や薬品の分野に進出していくべきだと思っている。

日本の技術力をもってすれば、いろいろと新しい薬や医療機器を開発し、製品化して海外で売る仕組みもつくれると思う。それは国内産業を活性化させる弾《はず》みになるし、高い医療機器や薬品を買っている私たち医療関係者も助かる。年々増えている日本の医療費も抑えられるようになるだろう。また、それはそのまま患者の医療費の負担軽減につながっていくに違いない。

いま岩手医科大学で一生懸命に取り組んでいるのが、産学協同研究である。一例が、東芝《とうしば》メディカル（現在はキヤノンメディカルシステムズ）との共同研究で行っている三二〇列の超高速ＣＴの開発である。

連携研究のおかげで工場出荷の世界第一号機は本学に入っている。わずか数年で東芝メディカルは、本学と共同開発した、心臓をターゲットにした超高速ＣＴを世界に二〇〇〇台以上販売している。バージョンⅡの世界第一号機も本学に入っている。

このように、日本の企業と医療系大学が真剣に協同すれば、さまざまな新製品をつくることができ、世界に売っていけるものだと思っている。

●〝良医〟の養成こそが医療改革の礎

医師不足や医師の偏在《へんざい》も大きな問題だった。

もともと医師の地域偏在は西日本に厚く、東日本に薄い。その東日本の中でも、東北、北海道は医師不足のかなり顕著な地域なのである。

首都圏や関東で見れば、埼玉・千葉・茨城といった東京の周辺の県が医師不足に非常に苦しんでいる。とはいえ、首都圏に関しては交通の便がよく人が集まるので、問題はそれほど深刻ではないかもしれない。

岩手でもこれまでずっと医師不足に苦しんできた。だが、二〇〇八年に医療系大学に地域枠ができ、医学部定員増が認められてからはようやく一息つけるようになった。あと何年後かには、岩手県でも医師の充足がある程度は図られると思っている。

実は、二〇二五年には日本の医師数は、ＯＥＣＤ（経済協力機構）、あるいはＧ７（先進七カ国蔵相・中央銀行総裁会議）の国際基準の医師数に到達し、それをオーバーしてしまうという指摘もある。医学部の教育は六年かかるので、医師数を調整するためにはそろそろ医学部の定員を調整していかなければならないわけである。

二〇二五年は、団塊《だんかい》の世代が後期高齢者になり、一度に高齢者人口は急増するものの、その後は減っていくことが予想される。そうした意味では、単に医師を数多く養成すればいいのかというと、それは違う。

国民が求めているのは、有能な医師であり、他者の痛みがわかる人間的な〝良医〟なのである。本学も含めた既存の医科系大学で、そうした良医の育成を目指し、同時に医師の偏在と診療科偏在を改善していけば、いまの日本の医療は成り立っていくと思う。

時代がどんなに変わろうとも、〝良医〟の養成こそが医療改革の礎《いしずえ》であることに違いはないのである。

本学には設立の一八九七年（明治三十年）以来一二〇年近くにわたって「良医」の育成理念が引き継がれており、今後も未来永劫消えることはない。三田定則先生の「私はこの学校を智と徳の日本一の学校にしたい」といった言葉を忘れず、さらに広げ、「智と徳の世界一の学校にする」ことこそ、本学の創設と存続に命を懸けて努力してきた先人と、ここを学び舎として関わってきてくれたすべての方々の恩に報いることだと思っている。

小川 彰（おがわ・あきら）

1949年宮城県生まれ。岩手医科大学医学部医学科卒業後、東北大学医学部附属脳疾患研究施設脳神経外科入局。その後国立仙台病院脳神経外科医長、同病院の臨床研究部脳神経研究室長、東北大学医学部助教授を経たのち、1991年より米国バロー神経研究所（アリゾナ大学）へ留学。帰国後、岩手医科大学脳神経外科学講座教授を務め、2003年に同大学医学部長、2008年に岩手医科大学学長、そして2012年学校法人岩手医科大学理事長に就任する。この間、全国医学部長病院長会議会長、日本私立医科大学協会会長などを務める。脳神経手術のエキスパートであり東北地方を代表する脳神経外科の名医として知られる。

世界一の地域医療を目指して　岩手医科大学物語

2021年5月20日　初版発行

著　者　　小川　彰
発行者　　南　晋三
発行所　　株式会社 潮出版社
〒102-8110　東京都千代田区一番町6 一番町SQUARE
電話　03-3230-0781（編集）　03-3230-0741（営業）
振替口座　00150-5-61090

印刷・製本　　株式会社 暁印刷

ISBN978-4-267-02272-2 C0095

本書は書き下ろしです。

【おもな参考文献】

岩手医科大学創立１２０周年記念事業小委員会史料整備専門部会
　『岩手医科大学　創立１２０周年記念集——誠のあゆみ、未来へつなぐ——』岩手医科大学、二〇一七年
北岡伸一『後藤新平　外交とビジョン』中公新書、一九八八年
榊悟『誠をつなぐ　岩手医科大学 さきがけの軌跡』岩手日報社、二〇一七年